BIBELEN TIL DIN GRILLING OG GRILLING

100 storslåede opskrifter til at mestre kunsten at grille og så forbløffe venner og familie

Anna Holm

Alle rettigheder forbeholdes.

Ansvarsfraskrivelse

Oplysningerne i denne e-bog er beregnet til at tjene som en omfattende samling af strategier, som forfatteren af denne e-bog har forsket i. Resuméer, strategier, tips og tricks er kun anbefalinger fra forfatteren, og læsning af denne e-bog garanterer ikke, at ens resultater nøjagtigt vil afspejle forfatterens resultater. Forfatteren af e-bogen har gjort alle rimelige anstrengelser for at give aktuelle og nøjagtige oplysninger til e-bogens læsere. Forfatteren og dens medarbejdere vil ikke blive holdt ansvarlige for eventuelle utilsigtede fejl eller udeladelser, der måtte blive fundet. Materialet i e-bogen kan indeholde oplysninger fra tredjeparter. Tredjepartsmateriale omfatter meninger udtrykt af deres ejere. Som sådan påtager forfatteren af e-bogen sig ikke ansvar eller ansvar for noget tredjepartsmateriale eller udtalelser. Uanset om det er på grund af internettets udvikling eller de uforudsete ændringer i virksomhedens politik og redaktionelle retningslinjer for indsendelse, kan det, der er angivet som kendsgerning på tidspunktet for dette skrivende, blive forældet eller uanvendeligt senere.

E-bogen er copyright © 202 2 med alle rettigheder forbeholdt. Det er ulovligt at viderdistribuere, kopiere eller skabe afledt arbejde fra denne e-bog helt eller delvist. Ingen dele af denne rapport må gengives eller gentransmitteres i nogen form for reproduceret eller gentransmitteret i nogen som helst form uden skriftligt udtrykt og underskrevet tilladelse fra forfatteren.

INDHOLDSFORTEGNELSE

INDHOLDSFORTEGNELSE 3

INTRODUKTION 7

SKYDD 9

1. EN PRICOTKYLLING PÅ SPYD 10
2. ÆBLEGLASEREDE SKALDYRSSPYD 13
3. GRILLSPYD AF FISK 15
4. OKSEKØD I VIN PÅ SPYD 18
5. SVINEDE COURGETTEPEBERSPYD 20
6. HAVE PÅ ET SPYD 22
7. HVIDLØGSSPYD REJER 25
8. HALLOUMI SPYD 27
9. JAPANSK LAM MED SPYD 30
10. SKEWERED SORT KØD 32
11. PIRI PIRI KAMMUSLINGESPYD 35
12. PORTABELLA SVAMPE OG PEBERFRUGTER 38
13. RØDE KARTOFFELSPYD 41
14. SKÆREDE KAMMUSLINGER 43
15. SPIDDET TOFU I APPELSINMARINADE 45
16. KYLLINGESPYD I YUCATAN-STIL 48
17. OKSEKØDSSTRIMLER TERIYAKI 50
18. ILD KABOBS 52
19. KYLLINGESPYD I GRÆSK STIL 54
20. BØF OG CHAMPIGNON TERIYAKI KEBAB 56
21. KALVELEVERSPYD MED PANCETTA 59
22. MAHI-MAHI SPYD MED SKALDYRSSMØR 62
23. HUMMERHALE MED GRILLET TROPISK FRUGT 65
24. TROPISK SVINEKEBAB 68
25. ASIATISK KYLLING MED SPYD 70
26. GRILLET KYLLINGESTABEL 72
27. STICKY SØD PØLSE KABOBS 74

28.	GRILLET PØLSE OG SENNEPS TORTILLAS	76
29.	PEBERBØF PÅ PIND	78
30.	RAMJAM KYLLING	80
31.	SHISH KEBAB	82
32.	BØF FAJITAS	84
34.	BASILIKUMREJER	89
35.	GRILLET SEITAN OG GRØNTSAGSKABOBS	91
36.	GRILLEDE GRØNTSAGSSPYD MED MOPSAUCE	93
37.	GRILLEDE GRØNTSAGSSPYD	96
38.	CHIMICHURRI GRILLEDE GRØNTSAGER	99
39.	GRILLEDE APPELSIN- OG JORDBÆRSPYD	102
40.	GRILLET MANDELKYLLING	104
41.	CITRONGRÆS GRILLET SVINEKØD	107
42.	GRILLET OKSEHJERTE	110
43.	GRILLET "BLANDET GRILL"	113

GRILLTE VINGER 116

44.	GRILLEDE CHILEVINGER	117
45.	VARME GRILLEDE KYLLINGEVINGER	119
46.	KYLLINGEVINGER MED HVID PEBER	121
47.	SOJAMARINEREDE KYLLINGEVINGER	124
48.	THAI BBQ KYLLINGEVINGER	126
49.	INDISKE BBQ VINGER	129
50.	KRYDREDE GRILLVINGER	132
51.	O RANGE GRILLEDE VINGER	135
52.	BBQ WINGFLINGERS	137
53.	GRILLEDE BØFFELVINGER	139
54.	CITRON-LIME SODAVAND KYLLINGEVINGER	141

GRILLEPØLSE 143

55.	MORGENMADSPØLSEKUGLER	144
56.	GRILLET VILDSVAMPEPØLSE	146
57.	GRILLET PØLSE TAPAS	149
58.	GRILLPØLSER	152

59.	GRILLET RØGET PØLSE	155
60.	MORGENMAD PØLSE SANDWICH	158
61.	GRILL POLSK PØLSE	160
62.	GRILLEDE ANDOUILLE PØLSE ROULADER	162
63.	GRILLET VILDTPØLSE CREPINETTER	165
64.	HJEMMELAVET MAROKKANSK LAMMEPØLSE	168
65.	Grillede græskar og *ølpølser 169* 171_ _ 194	

INTRODUKTION

Grilling er at tilberede noget på en grill eller åben ild, med en direkte varmekilde, med låget åbent. Lidt eller ingen røg er involveret i processen, og det bruges til ting, der koger godt over medium til høj varme.

Grillning udføres med låget lukket, over lav, normalt indirekte varme, ofte involverer rygning som en del af tilberedningsmetoden. Den bruges til større udskæringer og led, der nyder godt af lange tilberedningstider og kan håndtere smagen af røg.

Grilltips
A. Når du tilbereder bøffer, skal du bruge høj, direkte varme. Det betyder tilberedningstid mellem 9 og 12 minutter for en medium bøf.
B. Til burgere, brug medium til høj, direkte varme. Det betyder 8 til 10 minutter for en medium burger.
C. Til svinekød, brug, direkte varme. Det betyder, at en tykt skåret svinekotelet vil være færdig på cirka 12 minutter.
D. Til kylling, brug indirekte varme. Selvfølgelig er det længere tilberedningstid, men det sikrer, at kyllingen er gennemstegt, og forhindrer, at den tørrer ud. Det betyder, at kyllingebryst er færdige på omkring 20-25 minutter.
E. Hvis du bruger sauce, skal du bruge medium varme og vente til de sidste 5 minutter af tilberedningen. Sauce kan have meget sukker, og sukker brænder.
F. Til pølse, brug indirekte varme. Fordi pølse har et højere fedtindhold, er dette vigtigt for at sikre, at det ikke

brænder/forkuller, mens det koger helt. Det betyder, at pølsen er færdig på cirka 25 minutter.
G. Til fisk, brug høj, direkte varme. Det betyder, at en laksefilet er færdig på cirka 10 minutter.
H. Du må ikke punktere dit kød. Stol på temperaturen og tilberedningstider.
I. Skub ikke dit kød ned mod ristene. Dette fremmer opblussen. Opblusninger er farlige. De fører også til forbrænding af din mad.
J. Til grøntsager, læg olie i, vend ofte og undgå for meget forkulning.

SKYDD

1. En pricotkylling på spyd

Udbytte: 6 Portioner

Ingrediens

- 3 pund udbenet kyllingebryst, skåret i 4 tommer stykker
- 2 fed hvidløg, hakket Salt og peber efter smag
- 4 moderat s Løg, finthakket
- 2 spsk olie
- 1½ tsk koriander
- ½ tsk spidskommen
- 1½ tsk varmt karrypulver
- 1 spsk brun farin
- ½ kop frisk citronsaft
- 4 spsk Abrikosmarmelade
- 2 spsk Mel
- 30 tørrede abrikoshalvdele
- 1 løg, skåret i 2 tommer firkanter
- 2 laurbærblade

Vejbeskrivelse

a) I et stort fad blandes kyllingestykker, hvidløg, salt og peber; sæt til side. I en moderat stegepande steges løg i olie, indtil de er gyldne. Rør koriander, spidskommen og karry i.

b) Rør for at dække løg, og tilsæt derefter brun farin, citronsaft og marmelade. Tilsæt ½ kop vand. Bring i kog under konstant omrøring. Tages ud af varmen. Når det er afkølet, hældes det over kyllingen. Tilsæt laurbærblade og stil på køl natten over. Næste dag, spyd kød med løg og abrikoser på spyd.

c) Grill over kul eller grill i grill (7 minutter på hver side). Mens kødet grilles, tages laurbærbladene ud af saltlage og flyttes til en tung gryde. Bring i kog.

2. Æbleglaserede skaldyrsspyd

Udbytte: 6 Portioner

Ingrediens

- 1 dåse Frossen æblejuice koncentrat
- 1 spsk HVER smør og dijonsennep
- 1 stor sød rød peber
- 6 segmenter Bacon
- 12 havmuslinger
- 1 pund afskallede, udvundne rejer (ca. 36)
- 2 spiseskefulde i tern frisk persille

Vejbeskrivelse

a) I en dyb, tung gryde koges æblejuicekoncentratet ved høj varme i 7 10 minutter eller op, indtil det er reduceret til ca. ¾ kop. Tag af varmen, pisk smør og sennep i, til det er glat. Sæt til side. Skær peber i to og tag frø og stilk ud, skær peber i 24 stykker. Skær baconsegmenter i halve på kryds og tværs, pak hver kammusling ind i et stykke bacon.

b) stik peber, kammuslinger og rejer skiftevis på 6 spyd. Placer spyd på olieret grill. Grill ved moderat høj varme i 2-3 minutter, drys med æblejuiceglasur og drej ofte, indtil kammuslingerne er uigennemsigtige, rejerne er lyserøde og peberen er møre. Server drysset med persille.

3. Grillspyd af fisk

Udbytte: 4 Portioner

Ingrediens

- 1 pund Fast hvid fisk
- 1 tsk salt
- 6 fed hvidløg
- 1½ tomme frisk rod ingefær
- 1 spsk Garam masala
- 1 spsk stødt koriander
- 1 tsk cayennepeber
- 4 ounce almindelig yoghurt
- 1 spsk Veg. olie
- 1 citron
- 2 varme grønne chilipeber

Vejbeskrivelse

a) Filet og skind fisk, skær derefter i 11/2 tomme terninger. Læg cirka 5 stykker på hvert spyd og drys med salt.

b) Lav en pasta af hvidløg, ingefær, krydderier og yoghurt og brug til at dække fisken. Lad stå et par timer, og grill derefter.

c) Spiddene kan sprøjtes med lidt olie under tilberedningen, hvis det er nødvendigt. Pynt med citronen skåret i både og fine ringe af grøn chilipeber.

4. Oksekød i vin på spyd

Udbytte: 4 Portioner

Ingrediens

- 2 pund Godt oksekød
- 2 gule løg, pillede og skåret i kvarte
- 2 grønne peberfrugter, frøet
- 2 spsk olivenolie
- 1 spsk citronsaft
- $\frac{1}{4}$ kop Zinfandel
- $\frac{1}{2}$ tsk oregano
- 4 laurbærblade
- 3 fed hvidløg, knust
- Salt og peber efter smag

Vejbeskrivelse

a) Skær oksekødet i $1\frac{1}{4}$ tomme tern. Skær grøntsagerne i 1 tomme firkanter.

b) Læg alle ingredienserne i et stort fad af rustfrit stål og mariner i ca. 2 timer, bland af og til.

c) Skift grøntsagerne og kødet på spyd. Grill indtil let brunet, cirka 15 minutter, roter en gang under processen.

5. Svinede courgettepeberspyd

Udbytte: 1 Portion

Ingrediens

- 1 stor rød peberfrugt, fjernet fra kerner og hakket
- 1 stor gul peber, fjernet fra kerner og hakket
- 1 sødt løg, skåret i tern
- 2 Courgetter, tykt segmenterede
- 2 spsk olivenolie
- 2 fed hvidløg, pillede og knuste

Vejbeskrivelse

a) Fjern frø og skær peberfrugterne i stykker, og læg dem derefter i et fad med det søde løg, skåret i tern og de tykt segmenterede courgetter.

b) Rør olivenolie og presset hvidløg i og bland det godt. Sæt ingredienserne på spyd , og steg på grillen i 10-15 minutter eller indtil grøntsagerne er lige møre.

6. Have på spyd

Udbytte: 6 Portioner

Ingrediens

- 1 stor øremajs; husk Taget ud , skåret i 2-tommers stykker
- 12 store Svampehatte
- 1 moderat rød peber; skåret i 1-tommers stykker
- 1 lille Zucchini; skrællet, skåret i 2-tommer stykker
- 12 cherrytomater
- ½ kop citronsaft
- 2 spsk Tør hvidvin
- 1 spsk Olivenolie
- 1 tsk Spidskommen
- 2 tsk Hakket frisk purløg
- 1 tsk hakket frisk persille
- Friskkværnet peber; at smage

Vejbeskrivelse

a) Klargør en udendørs grill med et olieret stativ sæt 6 tommer over varmekilden. Sæt varmen til moderat på en gasgrill. Hvis du bruger kabobspyd af træ, læg 6 af dem i blød i varmt vand i 15 minutter. Dette forhindrer spyddene i at antænde, mens kabobs koger.

b) stik grøntsagerne på spyddene. Bland alle resterende ingredienser til bastingsaucen.

c) Grill grøntsagskabobs i ca. 15 til 20 minutter i alt, og drys konstant med saucen, indtil grøntsagerne er let svitsede.

7. Hvidløgsspyd rejer

Udbytte: 4 Portioner

Ingrediens

- 1½ pund Jumbo rejer
- ½ kop hvidløgsolie
- 1 spsk tomatpure
- 2 spsk rødvinseddike
- 2 spsk Frisk basilikum i tern
- Salt
- Friskkværnet peber

Vejbeskrivelse

a) Skal og devein rejer. Bland de resterende ingredienser sammen

b) Bland med rejer og stil på køl 30 minutter til en time, bland lejlighedsvis.

c) Tag rejer ud, portion marinade igen.

d) Spyd rejer ved at bøje hver næsten i halvdelen, så den store ende næsten rører den mindre ende, og indsæt derefter spyd lige over halen, så den passerer gennem kroppen to gange.

e) Grill 4-6 tommer fra kul i 6-8 minutter, eller indtil de er gennemstegte, roter ofte og pensl to eller tre gange med reserveret marinade.

8. Halloumi spyd

Udbytte: 1 Portion

Ingrediens

- 250 gram Halloumi Segmenteret i mundrette stykker
- 500 gram Lille; nye kartofler,
- ; kogt op til de er møre
- Salt og peber
- Olivenolie
- Grillspyd
- 45 milliliter olivenolie
- 15 milliliter hvidvinseddike
- 5 milliliter citronskal
- 15 milliliter grønne oliven; fint hakket
- 5 milliliter Kværnet koriander
- 15 Ml friske korianderblade; revet i stykker
- 1 fed hvidløg; knust
- 5 milliliter fuldkornssennep
- Salt og peber
- 50 gram Frisk krydderurtesalat

Vejbeskrivelse
a) stik stykker af Halloumi og kartoffel alternativt på spyd .

b) Pensl let med olie og drys med salt og peber.

c) Grill over grillen, indtil kebaberne er gennemvarmet.

d) Bland imens alle ingredienserne til dressingen sammen i et glas med skruetop.

e) Server kebaberne på en seng af frisk urtesalat , og hæld den færdige dressing over.

9. Japansk lam med spyd

Udbytte: 8 Portioner

Ingrediens

- 2 pund magert udbenet lam
- ¼ kop sojasovs
- 1 spsk honning
- 2 spsk Eddike
- 2 spsk Sherry
- 2 fed hvidløg
- ¼ tsk Malet ingefær
- 1½ kop bouillon

Vejbeskrivelse

a) Før tilberedning: Skær lammet i strimler, der er ⅛ tomme tykke, ½ tomme brede og 3 inches lange på tværs af kornet

b) Bland de resterende ingredienser (knus hvidløget med en hvidløgspresser), og hæld blandingen over kødet. Vend kødet, så det dækker det godt, og lad det hvile utildækket i 1 time ved stuetemperatur - eller tildækket natten over i køleskabet. Vend kødet af og til, så det bliver krydret jævnt. Vævn kødet på spyd.

c) Grill dem cirka 4 centimeter fra varmekilden i cirka 2 minutter på hver side.

10. Skewered sort kød

Udbytte: 6 Portioner

Ingrediens

- 250 gram lammebrød
- Vand
- 1½ citroner
- 500 gram lammehjerter
- 2 lamme nyrer
- 1 lille løg; revet
- 2 citroner (kun juice)
- ½ kop olivenolie
- 3 laurbærblade; hver i 3 stykker
- 1 tsk tørret oregano
- 2 spsk Persille i tern
- 1 tsk salt
- Friskkværnet sort peber
- Pølsetarme

Vejbeskrivelse

a) Skyl sødebrød, kom i en gryde og dæk med vand. Tilsæt saften af ½ citron. Bring det i kog, og afdryp derefter. Læg lever, hjerte og halverede nyrer i et fad med koldt vand til dækning og tilsæt saften af 1 citron.

b) Læg i blød i 30 minutter, og dræn derefter. Fjern huden fra leveren og trim større rør fra leveren og hjertet; skær den fedtholdige kerne ud af nyrerne. Skær kød og søde brød i 3 cm (1-¼ tomme) stykker og læg dem i et glas- eller keramisk fad.

c) Bland saltlage Ingredienser og hæld over færdigt kød. Dæk til og lad det marinere i køleskabet i mindst 2 timer. Læg pølsetarme i koldt vand og lad dem trække i løbet af denne tid. spyd kød skiftevis på 6 spyd, tilføje 2 stykker laurbærblad til hvert spyd blandt kød.

d) Dræn pølsetarme, og vikl en længde af tarmen rundt om kødet på hvert spyd, læg enderne ind for at holde tarmene på plads.

e) Grill langsomt over glødende kul, drej spydene ofte og pensl kokoretsi af og til med marinade. Kog i 15 til 20 minutter, juster ristens højde, eller flyt spyd til den køligere del af ilden, så kokoretsi koger langsomt. Serveres varm.

11. Piri piri kammuslingespyd

Udbytte: 4 Portioner

Ingrediens

- 1½ kop olivenolie
- 4 friske jalapenopeberfrugter; hakket
- 2 friske poblano peberfrugter; hakket
- 1 spsk knust rød peber
- 1 tsk salt
- 1 tsk friskkværnet sort peber
- 1 spsk hakket hvidløg
- 12 Friske kammuslinger; gjort rent
- 2 kopper Mango og grillet pebersalsa
- Friske korianderkviste

Vejbeskrivelse

a) Varm grillen op. Bland alle ingredienserne undtagen hvidløget i en gryde ved høj varme. Kog under omrøring, i 4 minutter. Rør hvidløget i og tag det af varmen.

b) Afkøl blandingen. Hæld blandingen i en foodprocessor. Purér blandingen, indtil den er glat. Sæt saucen på køl i 7 dage. Læg 4 kammuslinger på hvert spyd.

c) Mariner spyddene i Piri Piri i 1 time. Læg spyddene på en varm grill og steg i 3 til 4 minutter på hver side. Dryp spyddene af og til med saucen.

d) Hæld salsaen midt på tallerkenen. Læg spyddene direkte oven på salsaen. Pynt med friske korianderkviste.

12. Portabella svampe og peberfrugter

Udbytte: 9 appetitvækkere

Ingrediens

- 2 store (1/4 lb. i alt) portabella-svampe
- 1 spsk Olivenolie
- 1 fed hvidløg, segmenteret
- 1 moderat sød grøn peber
- 1 moderat sød rød peber
- 1 moderat sød gul peber
- $\frac{1}{4}$ tsk salt
- 16 4-tommer kviste frisk rosmarin
- 1 spsk balsamicoeddike

Vejbeskrivelse

a) Tag ud og kassér stilke fra svampe. Skyl svampe meget langsomt, og sørg for at fjerne snavs fra gællerne; dryppe godt af på køkkenrulle. Skær hver svamp i otte $\frac{1}{4}$ til 1-tommers firkanter.

b) Opvarm $1\frac{1}{2}$ t olivenolie på en stor bageplade. Tilsæt svampestykker og hvidløg. Kog, drej af og til med spatel, indtil de er møre og let brunede i ca. 6 til 8 minutter.

c) Halver i mellemtiden peberfrugter; Tag ud og kassér stilke, frø og ribben. Skær seksten 1-tommer-firkantede stykker fra hver peberfrugt. Pak og stil resten af peberfrugterne på køl til anden brug.

d) Skift svampestykker fra stegepande til tallerken med en hulspatel for at køle lidt af ; kasser hvidløg.

e) Tilsæt den resterende olivenolie og peberstykkerne til grillen. Steg peberfrugten, indtil den er let brunet - cirka 5 minutter. Trans for peber stykker til tallerken med svampe. drys svampe og peberfrugt med salt.

f) Skrab bladene fra bunden af 1 $\frac{1}{2}$ tommer rosmarinkviste med en kniv. Med kagetester eller tandstikker prikker du et hul i midten af hver champignon og peberstykke. stik et stykke af hver farve peber og et champignonstykke på hver rosmarinkvist. Arranger på en bageplade med kant.

g) Lige før portion opvarmes grillen til 375'F. Bag spyd 10 minutter eller op, indtil de er gennemvarme. Til servering, anret på portionsbræt og drys med eddike.

13. Røde kartoffelspyd

Udbytte: 6 Portioner

Ingrediens

- 2 pund røde kartofler
- ½ kop vand
- ½ kop mayonnaise
- ¼ kop kyllingebouillon
- 2 tsk tørret oregano
- ½ tsk hvidløgspulver
- ½ tsk Løgpulver

Vejbeskrivelse

a) Læg kartoflerne i en usmurt mikroovnsikker 2 Qt. fad. Dæk til og mikroovn ved høj temperatur i 12-14 minutter, omrør en gang og dræn derefter.

b) Bland de resterende ingredienser i et fad; tilsæt kartofler. Dæk til og stil på køl i 1 time. Dræn, omportioner marinade. spyd kartofler på metal, eller vandudblødte bambusspyd. Grill uden låg ved moderat varme i 4 minutter, vend, pensl med reserveret marinade og grill i 4 minutter mere.

14. Svingede kammuslinger

Udbytte: 1 Portion

Ingrediens

- 1 pund kammuslinger
- 12 svampe
- 12 cherrytomater
- 2 små Zucchini, skåret i tre
- ⅓ kop smeltet smør
- 1 tsk Worcestershire sauce
- 2 tsk frisk citronsaft
- ⅛ teskefuld peber
- 1 spsk sojasovs
- 1 spsk i tern persille
- 3 kopper varme kogte ris

Vejbeskrivelse

a) Skift kammuslinger, svampe og tomater på 6 spyd; tilsæt zucchini stykke i slutningen af hver kabob. Bland de resterende ingredienser; børste over kabobs. Grill 3" fra kul, pensl med sauce indtil færdig. Eller grill grill, roter en gang. Server på varme risleje.

15. Spiddet tofu i appelsinmarinade

Udbytte: 4 Portioner

Ingrediens
- 1 pund Fast tofu, drænet
- 16 moderate s Shiitake-svampe
- 1 stor Daikon radise
- 1 hver Head bok choy
- ½ kop sojasovs
- ½ kop appelsinjuice
- 2 spsk riseddike
- 2 spsk jordnøddeolie
- 1 spsk mørk sesamolie
- 2 spsk Frisk ingefær, hakket
- ¼ teskefuld varm chili, hakket

Vejbeskrivelse
a) Bland alle ingredienserne til saltlage og pisk til emulgering.

b) Del tofukagen i to og mariner ved stuetemperatur i 1 time eller længere i køleskabet. Vend ofte.

c) Vask og trim svampene. Skrub og trim daikonen og del den i 1" tykke stykker. Skil bok choybladene ad, skyl og dup dem tørre.

d) Sæt til side. Segmentér de hvide stilke i 1" tykke stykker. Mariner svampe, daikon og bok choy stilke i 15 minutter. Segmenter tofu i 1" tern.

e) Pensel bok choy blade med marinade. For at skære bladene, overlapper du siderne af hvert blad ind mod midten og ruller bladet op, startende øverst. spyd bladpakken på træspyd skiftevis med svampe, tofu, daikon og bok choy stilk.

f) Grill spyddene på en lukket grill i 12 til 15 minutter, drej rundt for at stege alle sider.

16. Kyllingespyd i Yucatan-stil

Udbytte: 4 Portioner

Ingrediens

- 9 hud- og benfri: kyllingelår
- 1 c Yucatan Marinade
- 1 jicama
- 36 6 tommer spyd
- 2 c Papaya Tomatillo Salsa

Vejbeskrivelse

a) Gnid lagen ind i kyllingelårene. Dæk kyllingen til og stil den på køl i 4 til 6 timer eller natten over. Klargør et brænde- eller kulfyr og lad det brænde ned til gløder.

b) spyd , så kødet forbliver fladt på grillen. Grill i cirka 4 minutter på hver side eller indtil færdig efter smag

c) Server med Papaya Tomatillo Salsa.

17. Oksekødsstrimler teriyaki

ingredienser
- London grill - Segmenteret i tynde strimler, som om du laver ryk
- 1 flaske teriyaki sauce

Vejbeskrivelse
a) Mariner dine oksekødsstrimler i teriyakisaucen i mindst 1 time eller op til 24 timer i en stor Ziploc-pose.
b) Når du er klar til at spise, tænder du for grillen og lader strimlerne koge op, indtil de er færdige - cirka 5 til 10 minutter eller deromkring.
c) Du kan bruge en grillkurv eller spyd dit kød på bambusspyd, før du saltlager dem.

18. Ild kabobs

Ingrediens
- 4 dåser ananas bidder
- 2 dåse kondenseret tomatsuppe
- 1/2 dl olivenolie
- 2 spsk chilipulver
- 2 lbs. bologna, overlap ped i kvarte
- 2 grønne peberfrugter, skåret i 1 tommer firkanter
- 1 pakke frankfurterboller, delt
- 8 store træspyd

Vejbeskrivelse
a) Dræn ananas. Reserver 1/2 dl juice
b) Bland suppe, reserveret ananasjuice, olivenolie og chilipulver i en moderat gryde.
c) Varm op, omrør af og til
d) På spyd arrangeres skiftevis bologna, grøn peber og ananas. Grill 4 tommer over kul.
e) Pensl med sauce. Kog 8 minutter eller op til det er varmt, pensl med sauce ofte. Server på boller med den resterende sauce.

19. Kyllingespyd i græsk stil

Ingrediens

- 4 udbenede, skindfri kyllingebryst, skåret i stykker
- 2 spsk (30 ml) olivenolie
- 2 spsk (30 ml) citronsaft
- 2 teskefulde (10 ml) tørret oregano
- 1 tsk (5 ml) fintrevet citronskal
- 3/4 tsk (4 ml) hver salt og peber
- 1/2 tsk (2 ml) malet paprika
- 6 fed hvidløg, hakket
- Tzatziki sauce

Vejbeskrivelse

a) Pisk olien med citronsaft, oregano, citronskal, salt, peber, paprika og hvidløg i et stort fad. Tilsæt kyllingen og bland til belægning. spyd kyllingen på 8-tommer (20 cm) træspyd.

b) Tænd for grillen. Vælg programmet og tryk på. Smør kogepladerne let med madlavningsspray. Når den lilla kontrollampe er holdt op med at blinke, læg spyddene på grillen og luk låget.

c) Kog i portioner, indtil indikatorlyset har skiftet til rødt. Server kyllingespyddene med Tzatziki-sauce ved siden af.

20. Steak og champignon teriyaki kebab

Ingrediens

- 1 lb. (500 g) benfri bøf efter eget valg
- 12 små hele knapsvampe, stilke Taget ud
- 1/2 rød paprika, skåret i stykker
- 1/2 lille rødløg, skåret i stykker
- 1/3 kop (75 ml) honning
- 1/4 kop (50 ml) natriumreduceret sojasovs
- 2 spsk (30 ml) risvinseddike
- 6 fed hvidløg, hakket
- 2 teskefulde (10 ml) majsmel
- Honning

Vejbeskrivelse

a) Pisk honningen med sojasovsen, eddike og hvidløg i et stort fad; Flyt den ene halvdel til et fad, der tåler mikrobølgeovn, og sæt det til side. Bland bøf, svampe, rød peber og løg med den resterende honningblanding, indtil den er jævn.

b) Skift bøffen og grøntsagerne på fire 12-tommer (30 cm) træspyd.

c) Tænd for grillen. Vælg programmet og tryk på. Smør kogepladerne let med madlavningsspray. Når den lilla kontrollampe er holdt op med at blinke, læg kebaberne på grillen og luk låget.

d) Kog i 6 til 8 minutter eller indtil grøntsagerne er møre og oksekødet er kogt til det ønskede niveau.

e) Pisk imens majsmelet i den reserverede honningblanding. Mikrobølgeovn ved høj temperatur under omrøring én gang i 60 sekunder eller op, indtil den er tyk og blank; pensl jævnt over kebaberne lige før Portion .

21. Kalveleverspyd med pancetta

GØR 4 Portion

Ingrediens:

- 1-pund kalvelever
- 16 tynde segmenter pancetta
- 16 små salvieblade
- 8 små cipolliniløg, pillede
- 4 bambus- eller metalspyd
- 2 spsk olivenolie
- $\frac{3}{4}$ tsk kosher salt
- $\frac{3}{4}$ tsk malet sort peber
- 1 kop tør Madeira eller Marsala
- 2 spsk balsamicoeddike
- $\frac{3}{4}$ kop ferskenkonserves
- 3 spsk koldt usaltet smør, skåret i stykker

Vejbeskrivelse

a) Hvis du griller med bambusspyd, så læg dem i blød i vand i mindst 30 minutter.
b) Hvis leveren stadig har sin tynde ydre hinde, tag den ud. Skær leveren i stykker omkring 1 gange 2 inches, fjern og kasser eventuelle vener. Pak hvert stykke lever ind i et segment af pancetta, og læg et lille salvieblad ind, mens du pakker ind. stik leverstykkerne og cipollinen skiftevis på spyd, og stik cipolinen gennem enderne, så siderne hviler på grillen.
c) Smør det hele med olien og drys med $\frac{1}{2}$ tsk salt og peber. Lad hvile indtil grillen er klar.
d) Tænd en grill for direkte moderat varme, omkring $375\frac{1}{4}$F.
e) Når grillen varmes op, hældes madeira og balsamico i en lille gryde og koges op ved høj varme. Kog op, indtil væsken er reduceret til det halve, 5 til 8 minutter.

f) Reducer varmen til lav, rør konserves i, og lad det simre i 1 minut. Pisk smørret i og smag til med den resterende $\frac{1}{4}$ tsk salt og en knivspids mere peber. Holde varm.
g) Pensl grillristen og smør den med olie. Grill spyddene direkte over varmen, indtil løgene er møre og leveren er pænt brunet, men stadig lyserød indeni, cirka 4 til 5 minutter pr. side. Server med saucen.

22. Mahi-mahi spyd med skaldyrssmør

GØR 4 Portion

Ingrediens:
- 4 bambus- eller metalspyd
- ¾ kop olivenolie
- 1 spsk ristet sesamolie Skal og saft af citron
- 1 spsk frisk persille i tern
- ¾ tsk groft salt
- ¾ tsk stødt sort peber
- 2 pund skindfri mahi-mahi bøffer eller tykke fileter, skåret i 1-tommers terninger
- 1 citron, skåret i 8 tern
- 16 cherry- eller vindruetomater
- 6 strimler bacon, gerne æbletrærøget, skåret i 3-tommers længder
- ¾ kop skaldyrssmør

Vejbeskrivelse

a) Bland olivenolie, sesamolie, citronskal, citronsaft, persille, salt og sort peber i en 1-gallon lynlåspose. Tilsæt mahi-mahi, tryk luften ud og forsegl posen. Stil på køl i op til 12 timer.

b) Hvis du griller med bambusspyd, så læg dem i blød i vand i mindst 30 minutter.

c) Tænd en grill for direkte moderat varme, omkring 400¼F. stik citronbåde, tomater og mahi-mahi terninger skiftevis på spyddene ved at bruge cirka 2 stykker af hver pr. spyd.

d) Til mahi-mahi skal du pakke hver terning på tre sider med et stykke bacon og stikke gennem enderne af baconen for at sikre den. Sæt noget af skaldyrssmørret til side til Portion og pensl spyddene med resten.

e) Pensl grillristen og smør den med olie. Grill spyddene direkte over varmen, indtil fisken ser uigennemsigtig ud på overfladen, men stadig er filmagtig og fugtig i midten (130$\frac{1}{4}$F på et øjeblikkeligt termometer).

f) Drys med det reserverede skaldyrssmør og server med de grillede citronbåde til presning .

23. Hummerhale _ med grillet tropisk frugt

GØR 4 Portion

Ingrediens:
- 4 bambus- eller metalspyd
- ¾ gylden ananas, skrællet, udkernet og skåret i 1-tommers terninger
- 2 bananer, skrællet og skåret på tværs i otte 1-tommers stykker
- 1 mango, skrællet, udstenet og skåret i 1-tommers terninger
- 4 stenhummer eller store hummerhaler fra Maine (8 til 10 ounce hver), optøet, hvis de er frosne
- ¾ kop sød sojaglasur
- kop smør, smeltet
- 4 limebåde

Vejbeskrivelse

a) Hvis du griller med bambusspyd, så læg dem i blød i vand i mindst 30 minutter. Tænd en grill for direkte moderat varme, omkring 350¼F.

b) Skær skiftevis ananas-, banan- og mangostykkerne på spyddene ved at bruge omkring 2 stykker af hver frugt pr. spyd.

c) Butterfly hummerhalerne ved at flække hver hale på langs gennem den afrundede øverste skal og gennem kødet, så den flade bund skal være intakt. Hvis skallen er meget hård, så brug en køkkensaks til at skære gennem den afrundede skal og en kniv til at skære gennem kødet.

d) Åbn forsigtigt halen for at blotte kødet.

e) Pensl sojaglasuren let over frugtspydene og hummerkødet. Pensl grillristen og smør den med olie. Læg hummerhalerne, med kødsiden nedad, direkte over varmen og grill indtil de er pænt grillmærkede, 3 til 4 minutter. Tryk halerne på grillristen med en spatel eller en tang for at hjælpe med at

svitse kødet. Vend og grill indtil kødet er lige fast og hvidt, dryp med sojaglasuren, 5 til 7 minutter mere.
f) Grill imens frugtspydene ved siden af hummeren, indtil de er pænt grillmærkede, cirka 3 til 4 minutter pr. side.
g) Server med det smeltede smør og limebåde til presning.

24. Tropisk svinekebab

Serverer: 8

Ingrediens
- 8 træ- eller metalspyd
- 2 pund svinekam, skåret i 1-tommers stykker
- 2 store røde peberfrugter, udkernet, renset og skåret i 8 stykker hver
- 1 stor grøn peberfrugt, udkernet, renset og skåret i 8 stykker
- 1/2 frisk ananas, skåret i 4 segmenter og derefter i 1/4-tommers terninger
- 1/2 kop honning
- 1/2 kop limesaft
- 2 tsk revet limeskal
- 3 fed hvidløg, hakket
- 1/4 kop gul sennep
- 1 tsk salt
- 1/4 tsk sort peber

Vejbeskrivelse

a) Hvis du bruger træspyd, skal du lægge dem i blød i vand i 15 til 20 minutter. Sæt skiftevis hvert spyd med svinekødsstykker, 2 stykker rød peber, 1 stykke grøn peber og 2 ananasbåde.

b) Bland honning, limesaft, revet limeskal, hvidløg, gul sennep, salt og sort peber i en 9" x 13" bageform; bland godt. Læg kebaberne i et ovnfad og drej dem, så de er overtrukket med marinade. Dæk til og stil på køl i mindst 4 timer eller natten over, drej af og til.

c) Varm grillen op til moderat høj varme. Drys kebab med marinade; kassér overskydende marinade. Grill kebab i 7 til 9 minutter, eller indtil svinekødet ikke længere er lyserødt, roter ofte for at tilberede på alle sider.

25. Asiatisk kylling med spyd

Serverer: 4

Ingrediens
- 6 til 8 træ- eller metalspyd
- 1/4 kop sojasovs
- 3 spsk tør hvidvin
- 3 spsk citronsaft
- 2 spiseskefulde vegetabilsk olie
- 1/2 tsk malet ingefær
- 1/2 tsk hvidløgspulver
- 1/4 tsk løgpulver
- Et skvæt peber
- 6 udbenede, skindfrie kyllingebrysthalvdele (ca. 1-1/2 pund), skåret i 1-1/2 stykker

Vejbeskrivelse
a) Varm grillen op til moderat høj varme. Hvis du bruger træspyd, skal du lægge dem i blød i vand i 15 til 20 minutter.
b) Bland alle hovedingredienser undtagen kylling (og spyd) i en moderat ret og bland godt. Tilsæt kyllingestykker, læg låg på og mariner 20 til 30 minutter i køleskabet.
c) Del kyllingen i 6 til 8 lige store mængder og læg bidder på spyd. Grill 5 til 7 minutter, eller indtil kyllingen er gennemstegt, og der ikke er lyserød tilbage, roter kyllingen over halvvejs gennem grillningen.

26. Grillet kyllingestabel

Serverer: 4

Ingrediens
- 8 ounce (1/2 en 16-ounce pose) revet coleslaw
- 1 (8-ounce) dåse ananas-godbidder, drænet
- 1/2 kop coleslaw dressing
- 1 kop barbecue sauce
- 1/2 tsk varm pebersauce
- 1/2 tsk salt
- 4 udbenede, skindfri kyllingebryst
- 4 hamburgerboller

Vejbeskrivelse
a) I et stort fad blandes coleslaw, ananas og dressing; bland godt og sæt til side.
b) Bland barbecuesauce og varm sauce i en moderat ret. Sprøjt jævnt begge sider af kyllingen med salt og dryp derefter med sauceblandingen.
c) Grill kyllingebryster i 10 til 13 minutter, eller indtil der ikke er lyserøde tilbage, og saften er klar, roterer ofte og pensl dem i de første 5 minutter hver gang med barbecuesauce.
d) Læg kyllingen på boller, top med coleslaw, og server.

27. Sticky søde pølse kabobs

Serverer 12

Ingrediens
- spyd med smag
- 4 spsk honning
- 1 spsk honningsennep 1 tsk sojasovs
- 1 spiseskefuld Tree Little Pig's All Purpose BBQ Rub
- 24 søde italienske pølser
- 8 store skalotteløg, pillede og halveret på langs
- 1 rød peberfrugt, skåret i 1 tomme stykker 1 zucchini, skåret i 1/2-tommers runder
- 1 stor gulerod, skrællet og delt i 1/4 tomme tykke runder

Vejbeskrivelse
a) Varm grillen op til moderat -høj varme. Læg otte træspyd i blød i vand for at forhindre, at de brænder på, når de grilles.
b) Bland honning, sennep, sojasovs og All Purpose BBQ Rub sammen i et stort fad. Tilsæt pølse, skalotteløg, rød peber, zucchini og gulerødder til et stort fad og bland grundigt til belægning. stik pølse, skalotteløg, rød peber, zucchini og gulerod på spyd.
c) Steg spyd på den færdige grill, indtil pølsen er jævn brun og grøntsagerne møre

28. Grillet pølse og senneps tortillas

Ingrediens
- 1 lb. Varm eller sød italiensk pølse eller spansk chorizo
- 1 c Hærlig rødvin
- 9 8-tommer mel eller 6-tommer majstortillas
- Honning sennep

Vejbeskrivelse

a) Placer pølsen i enkelt lag i 9-tommers bageplade. Hæld vin over pølsen. Bring i kog. Reducer varmen, dæk delvist og lad det simre, indtil pølserne er gennemstegte, roter ofte, cirka 12 minutter. Tag pølsen ud af panden og afkøl den lidt. Kassér væske.

b) Klar grill (moderat - høj varme). Skær pølser i 1/2-tommers segmenter. spydsegmenter på lange metalspyd ved at bruge 3 til 4 spyd. Skær tortillaerne i kvarte og pak dem ind i folie. Læg tortillas på siden af grillen for at blive varmet igennem. Grill pølsen, indtil den er gennemvarmet og svitser på alle sider, cirka 5 minutter. Tag pølsen ud af spydene og læg den i portionsfad . Server pølse med tortillas og sennep.

29. Peberbøf på pind

Ingrediens
- 1½ til 2 pund nederdelbøf, trimmet
- 1 spsk tør sennep
- ½ kop rødvinseddike
- 1 tsk salt
- ½ kop hvid drue- eller æblejuice
- 1 kop olivenolie
- ¼ kop løg, fint hakket
- 6 små- moderate løg
- 1 spsk gnidet tørret salvie
- 2 peberfrugter i kvarte
- 1 spsk friskkværnet sort peber
- 6 lange metal- eller træspyd
- 1 spsk stødt koriander

Vejbeskrivelse

a) Varm grillen op til moderat varme. Læg bøffen i et glasfad. I en anden ret blandes vineddike, juice, løg i tern, salvie, peber, koriander, tør sennep, salt og olivenolie.

b) Hæld bøffen over og vend den til at overtrække med marinade. Hold ½ kop lage til at pensle på bøf under tilberedning. Dæk til, sæt i køleskab (eller iskiste) og mariner i mindst 1 time.

c) Tag bøffen ud af marinaden, skåret i 6 portioner. Smid saltlage ud bortset fra ½ kop du holdt tilbage. Hvis du bruger træspyd, skal du lægge dem i blød i vand i cirka 15 minutter før brug. spyd kød på lange spyd, væv kød omkring løgløg og kvarte peberfrugter.

d) Grill 12 til 15 minutter, roter for at stege alle sider. Pensl kødet med reserveret lage, mens det tilberedes. Giver 6 portioner .

30. Ramjam kylling

Ingrediens
- 1/4 kop sojasauce 1 tsk revet frisk ingefærrod
- 3 spsk tør hvidvin 1 fed hvidløg, knust
- 2 spsk citronsaft 1/4 tsk løgpulver
- 2 spsk vegetabilsk olie 1 knivspids malet sort peber
- 3/4 tsk tørret krydderi i italiensk stil 8 skindfri, udbenet kyllingebrysthalvdele - skåret i strimler

Vejbeskrivelse

a) I en stor, genlukkelig plastikpose blandes sojasovsen, vin, citronsaft, olie, italiensk krydderi, ingefær, hvidløg, løgpulver og kværnet sort peber. Læg kylling i posen.

b) Luk og lad marinere i køleskabet eller køleren i mindst 3 timer eller natten over... jo længere jo bedre! Jo længere du lader den marinere, jo mere intens smag.

c) Varm en udendørs grill op til moderat høj varme, og olierist let. stik kyllingen på spyd, og stil til side. Hæld saltlage i en lille gryde, og bring det i kog ved høj varme.

d) Tilbered kyllingen på den færdige grill i cirka 5 minutter på hver side, og drys med saucen flere gange. Kyllingen er færdig, når den ikke længere er lyserød og saften er klar.

31. Shish kebab

Ingrediens
- 1 lb. Kød, i tern
- 2 løg i kvarte
- 1 dåse ananasstykker 1 grøn peberfrugt, segmenteret
- 1/2 lb. Svampe, hel Salt
- 10 Cherrytomater Peber

Vejbeskrivelse

a) Skift stykker grøntsager og kød på et spyd
b) af grønne trægrene på ca. når maden er på plads for nem håndtering).
c) Pensl med BBQ sauce, italiensk salatdressing eller smagssmør, hvis det ønskes. Kog over varme kul, indtil de er færdige, cirka 15 til 20 minutter afhængigt af den anvendte type kød.

32. Bøf fajitas

Ingrediens
- 4 spiseskefulde. ekstra jomfru olivenolie 1 lb. nederdel eller flankebøf
- 1 tsk. stødt spidskommen 2 peberfrugter, skåret i 2-in. stykker
- 1 tsk. chilipulver 1 rødløg, skåret i både
- 4 fed hvidløg, knuste mel tortillas
- Saft af en lime

Vejbeskrivelse

a) Hjemme: Bland olivenolie, spidskommen, chilipulver, hvidløg, limesaft, salt og peber. Brug denne til at marinere bøf og grøntsager separat i forseglelige plastikposer. Chill. (Du kan eventuelt fryse bøffen og pakke den frossen).
b) Tø bøf evt. Varm grill
c) stik kød, peberfrugt og løg på spyd, skiftevis, mens du går. Grill spyd, drej dem ofte, i 5 til 8 minutter.

33. Teriyaki bøf kabobs

Ingrediens
- 2 lbs. mørbradbøf, skåret i 1-tommers terninger
- 16 små svampe
- 16 cherrytomater
- 1 rød peberfrugt
- 1 grøn peber
- 1 stort rødløg, skåret i 1-tommers stykker
- Teriyaki Marinade
- 8 træ- eller bambusspyd

Vejbeskrivelse

a) Læg bøfterninger i halvdelen af marinaden, dæk til og stil på køl i 30-60 minutter. Udblød træ- eller bambusspyd i vand. Varm grillen op, så de brændte sten er varme eller kulene er klar.

b) stik marineret kød og grøntsager skiftevis på to parallelle spyd (for at holde stykkerne på plads, når kebab vendes). Efterlader lidt mellemrum mellem genstandene for at muliggøre fuldstændig tilberedning

c) Dyp eller pensl de samlede kebaber med den resterende marinade, og læg dem derefter på grillen. Læg en stribe alufolie under de blottede ender af spyddet for at forhindre, at det brænder på.

d) Fyr på åben grill 4-5 minutter per side, og server derefter med pynt.

34. Basilikum rejer

Ingrediens

- 2 1/2 spsk olivenolie 3 fed hvidløg, hakket

- 1/4 kop smør, smeltet salt efter smag

- 1 1/2 citroner, juicede 1 knivspids hvid peber

- 3 spiseskefulde groft kornet færdiglavet sennep 3 pund friske rejer, pillet og afvinet

- 4 ounce hakket frisk basilikum

Vejbeskrivelse

a) I et lavvandet, ikke-porøst fad eller fad blandes olivenolie og smeltet smør sammen. Rør derefter citronsaft, sennep, basilikum og hvidløg i, og smag til med salt og hvid peber. Tilsæt rejer, og bland til belægning.

b) Dæk til og stil i køleskab eller køling i 1 time. Varm grillen op til høj varme.

c) Tag rejer ud af marinaden, og spyd på spyd. Riv let med olie, og læg spyd på grillen. Kog i 4 minutter, drej en gang, indtil den er færdig.

35. Grillet seitan og grøntsagskabobs

Giver 4 portioner

Ingrediens
- 1/3 kop balsamicoeddike _
- 2 spsk olivenolie
- 1 spsk hakket frisk oregano
- 2 fed hvidløg, hakket
- 1/2 tsk salt _
- 1/4 tsk friskkværnet sort peber
- 1-pund seitan
- 7 ounce små hvide svampe, let skyllet
- 2 små zucchinier, skåret i 1-tommers stykker
- 1 moderat gul peberfrugt, skåret i 1-tommers firkanter
- modne cherrytomater

Vejbeskrivelse

a) I en moderat skål blandes eddike, olie, oregano, timian, hvidløg, salt og sort peber. Tilsæt seitan, svampe, zucchini, peberfrugt og tomater, drej rundt for at dække.

b) Mariner ved stuetemperatur i 30 minutter, drej af og til. Dræn seitanen og grøntsagerne, og portionér marinaden om.

c) Varm grillen op.

d) Skær seitan , svampe og tomater på spyd.

e) Placer spyddene på den varme grill og steg, roter kabobs en gang halvvejs gennem grillningen, cirka 10 minutter i alt. drys med en lille mængde af den reserverede saltlage og server straks.

36. Grillede grøntsagsspyd med mopsauce

Giver 4 portioner

Ingrediens
- $1/2$ kop stærk sort kaffe
- $1/4$ kop sojasovs _
- $1/2$ kop ketchup _
- 2 spsk olivenolie
- 1 tsk varm sauce
- 1 tsk sukker
- $1/4$ tsk salt _
- $1/4$ tsk friskkværnet sort peber
- 1 stor rød eller gul peberfrugt, skåret i $1/2$ -tommers stykker
- 2 små zucchinier, skåret i 1-tommers stykker
- 8 ounce friske små hvide svampe, let skyllet og tørret
- 6 moderate skalotteløg, halveret på langs
- 12 modne cherrytomater

Vejbeskrivelse
a) Bland kaffe, sojasovs, ketchup, olie, varm sauce, sukker, salt og sort peber i en lille gryde. Lad det simre i 20 minutter, og hold derefter varmt ved meget lav varme.
b) Hæld peberfrugt, zucchini, champignon, skalotteløg og cherrytomater på spyd og anret dem i et lavt ovnfast fad. Hæld ca. halvdelen af moppesaucen over de grøntsager, der er skæve, og mariner ved stuetemperatur i 20 minutter. Varm grillen op.
c) Tag de udskårne grøntsager ud af panden, portionér marinaden om. Læg spyddene på grillen direkte over varmekilden.

d) Grill op, indtil grøntsagerne er brune og møre, roter en gang halvvejs, cirka 10 minutter i alt. Skift til et fad og hæld den resterende sauce over det hele. Server straks.
e) Placer grøntsagerne med spyd på en grillpande og læg dem under grillen, cirka 4 centimeter fra varmen.
f) Grill indtil de er møre og pænt brune, cirka 8 minutter i alt, roter en gang halvvejs igennem.

37. Grillede grøntsagsspyd

Giver 4 portioner

Ingrediens
- 1 kop frisk persille i grove tern
- 1 kop frisk koriander i grove tern
- 3 fed hvidløg, knust
- 1/2 tsk stødt koriander
- 1/2 tsk stødt spidskommen
- 1/2 tsk sød paprika
- 1/2 tsk salt _
- 1/4 tsk malet cayennepeper
- 3 spsk frisk citronsaft
- 1/3 kop olivenolie _
- 1 moderat rød peberfrugt, skåret på langs i 1/2-tommers firkanter
- 1 lille aubergine, skåret i 1-tommers stykker
- 1 moderat zucchini, skåret i 1-tommers stykker
- 12 hvide svampe, let skyllet og duppet tørre
- 12 modne cherrytomater

Vejbeskrivelse

a) I en mixer eller foodprocessor blandes persille, koriander og hvidløg og forarbejdes indtil fint hakket. Tilsæt koriander, spidskommen, paprika, salt, cayenne, citronsaft og olie. Bearbejd indtil glat. Skift til et lille fad.

b) Varm grillen op. stik peberfrugt, aubergine, zucchini, svampe og tomater på spyd og anret dem i et lavt ovnfast fad . Hæld ca. halvdelen af charmoula-saucen over de grøntsager, der er skæve, og mariner ved stuetemperatur i 20 minutter.

c) Placer grøntsagerne med spyd på den varme grill direkte over varmekilden. Grill indtil grøntsagerne er brune og møre, roter en gang halvvejs gennem grillningen, cirka 10 minutter i alt.
d) Skift til et fad og hæld den resterende sauce over det hele. Server straks.

38. Chimichurri grillede grøntsager

Giver 4 portioner

Ingrediens
- 2 moderate skalotteløg i kvarte
- 3 fed hvidløg, knust
- $1/3$ kop friske persilleblade
- 1/4 kop friske basilikumblade
- 2 tsk frisk timian
- $1/2$ tsk salt _
- $1/4$ tsk friskkværnet sort peber
- 2 spsk frisk citronsaft
- $1/2$ kop olivenolie _
- 1 moderat rødløg, halveret på langs, derefter i kvarte
- 1 moderat sød kartoffel, skrællet og skåret i $1/2$-tommers segmenter
- små zucchini, skåret diagonalt i $1/2$-tommer tykke segmenter
- modne plantains, halveret på langs, derefter skåret i halve vandret

Vejbeskrivelse
a) Varm grillen op. I en mixer eller foodprocessor blandes skalotteløg og hvidløg og forarbejdes indtil hakket. Tilsæt persille, basilikum, timian, salt og peber og puls det til det er finthakket. Tilsæt citronsaft og olivenolie og kør det godt sammen. Skift til et lille fad.
b) Pensl grøntsagerne med Chimichurri-saucen og læg dem på grillen.
c) Vend grøntsagerne i samme rækkefølge, som du placerer dem på grillen.

d) Pensl grøntsagerne med mere af Chimichurri-saucen og fortsæt med at grille indtil grøntsagerne er møre, cirka 10 til 15 minutter for alt undtagen pisang, hvilket skal være færdigt på cirka 7 minutter.
e) Serveres varm, drysset med den resterende sauce.

39. Grillede appelsin- og jordbærspyd

Giver 4 portioner

Ingrediens
- 2 store navleappelsiner, skrællet og skåret i 1-tommers bidder
- store modne jordbær, afskallede
- $1/2$ kop Grand Marnier eller anden likør med appelsinsmag

Vejbeskrivelse
a) Stik appelsinbidder og jordbær på 8 spyd, læg 2 eller 3 appelsinbidder på hvert spyd, efterfulgt af 1 jordbær, og afslut med 2 eller 3 stykker appelsin.
b) Placer den skæve frugt i et lavt fad og hæld Grand Marnier over frugten, drej rundt for at dække. Stil til side i 1 time. Varm grillen op.
c) Grill frugtspydene, pensl med marinaden, cirka 3 minutter på hver side. Servér spyddene varme, drysset med den resterende marinade.

40. Grillet mandel kylling

Udbytte: 4 Portioner

ingredienser

- 1 æg
- ¼ kop majsstivelse
- 2 spsk sojasovs
- 1 stort fed hvidløg; hakket
- 2 hele udbenet skindfri kyllingebryst; skær 1" gange 3" strimler
- 2½ kop finthakkede mandler eller valnødder; let ristet
- 2 spsk Hakket tørret eller frisk persille
- 4 friske californiske blommer; halveret og udstenet
- Frisk estragon; valgfri
- Blancherede kinesiske ærtebælg; valgfri
- Strimlet isbjergsalat; valgfri
- 1 velsmagende blommesauce

Vejbeskrivelse

a) Bland de første 4 ingredienser i en plastikpose. Tilsæt kyllingestykker og mariner 15 minutter; dræne. Læg mandler og persille i en plastikpose. Læg kyllingestykker, et par ad gangen, i mandelblandingen.

b) Ryst for at dække grundigt. Læg kylling, blommehalvdele og estragon i grillkurven eller læg spyd på spyd.

c) Grill ved moderat indirekte varme 8 minutter eller op, indtil de er brune og gennemstegte. Se langsomt for at undgå forbrænding. Anret eventuelt på et fad foret med salat og ærter. Hæld blommesovsen over kyllingen.

41. Citrongræs grillet svinekød

Udbytte: 4 Portioner

ingredienser

- 1 pund svinekød skåret i mundrette stykker
- 10 spiseskefulde palmesukker
- 10 spsk fiskesauce
- 10 spsk Mørk sojasovs
- 10 spsk citrongræs
- 5 spsk whisky
- 5 spiseskefulde skalotteløg
- 5 spsk hvidløg
- 5 spsk kokosmælk
- 3 spsk sesamolie
- 1 spsk sort peber

Vejbeskrivelse

a) Bland saltlagen Ingredienser, undtagen kokosmælken, og lad det simre i en gryde eller wok, indtil det er reduceret til cirka halvdelen af det oprindelige volumen.

b) Lad det køle af, og tilsæt kokosmælken under omrøring, indtil det er blandet.

c) Lag kødet i 1-3 timer et køligt sted, dryp derefter godt af, og læg det på spyd.

d) Grill kødet til det er gennemstegt. Varm saltlagen op, indtil den simrer, under omrøring i 1-2 minutter (for at koge eventuelt blod, der er dryppet fra marineringskødet, og dermed sterilisere det), og servér som en dipsauce til kødet.

42.   Grillet oksehjerte

Udbytte: 16 Portion

ingredienser
- 1 Oksehjerte
- 8 fed hvidløg; trykket
- 2 Chiles
- 2 spsk spidskommen, stødt
- ½ spsk oregano, tørret
- Salt; at smage
- Peber, sort; at smage
- 2 kopper eddike, vin, rød
- 1 spsk olie, vegetabilsk
- Salt; at smage

Vejbeskrivelse
a) Rens oksehjertet grundigt, fjern alle nerver og fedt. Skær i 1" terninger, læg i et ikke-reaktivt fad, køl og stil til side.

b) Bland hvidløg, chili, spidskommen, oregano, salt og peber og 1½ dl eddike. Hæld over kød. Tilsæt mere eddike, hvis det er nødvendigt, for at dække kødet helt. Mariner, på køl, 12-24 timer. Ca. 1 time før grillning, Tag kødet ud af lage og stik på spyd. Reserve saltlage

c) Læg den knuste chili i blød i ⅓ kop varmt vand i 30 minutter. I processor, Bland chili og vand med olie og salt. Tilsæt nok reserveret saltlage (¾ kop) til at lave tyk sauce.

d) Pensl kødspyd med sauce og grill over glødende kul eller under en grill, drej og rist for at stege hurtigt på alle sider. Bedst stegt moderat godt, 4-6 minutter på grillen. Server med den resterende sauce til dypning.

43.　　　Grillet "blandet grill"

Udbytte: 1 Portion

ingredienser

- Vælg kylling, pølse, oksekød, svinekød og/eller lam, som du vil, og som følger:
- 1 pund Udbenet, skindfri kyllingebryst, skåret i 1 tomme stykker
- 1 pund Sød italiensk pølse, skåret i 1 tomme stykker
- 1 kop grapefrugtjuice
- 3 spiseskefulde honning
- 2 spsk smeltet smør
- ½ tsk salt
- 2 spsk Frisk rosmarin i tern
- 2 spsk Frisk timian i tern
- 1 spsk hakket hvidløg
- 1 lille løg i tern
- 2 spsk citronsaft
- ½ kop olie
- 1 tsk tørret timian
- 1 tsk tørret merian

- 1 tsk salt

- ½ tsk peber

Vejbeskrivelse

a) Bland alle ingredienser i et stort, ikke-reaktivt lavt fad; saltlage tildækket ved stuetemperatur i 2 timer, eller tildækket i køleskabet i flere timer. Tag ud , omportioner saltlage og spyd kylling på sit eget spyd og pølse på sit eget spyd

b) Grill over moderat varme kul, roter ofte, pensl med respektive saltlage. Kylling vil tage omkring 15 minutter; pølse omkring 20-25 minutter; svinekød, oksekød eller lam ca. 20 minutter. Tag ud af varmen og hæld resterende/respektive saltlage på; dæk med folie i cirka fem minutter; tjene.

GRILLTE VINGER

44. Grillede chile vinger

Udbytte: 4 Portioner

Ingrediens

- 1 kop ananasjuice
- 2 spsk balsamicoeddike
- 2 spsk mørk brun farin
- 4 fed hvidløg; fint hakket
- 1 skotsk motorhjelm eller habanero chile; fint hakket
- $\frac{1}{2}$ tsk stødt allehånde
- 24 kyllingevinger
- Salt og friskkværnet peber
- Gulerods- og selleristænger

Vejbeskrivelse

a) Brug sidebrænder eller varm grillen op. Bland alle ingredienser i en lille gryde og lad koge i 2 minutter. Tag af varmen, hæld i et stort fad og lad afkøle. Tilsæt kyllingevinger til saltlagen og mariner i køleskabet i mindst 2 timer.

b) Grill ved moderat varme i 10 til 15 minutter eller indtil den er gennemstegt

c) Server med selleri og gulerodsstænger.

45. Varme grillede kyllingevinger

Udbytte: 24 varme vinger

Ingrediens

- 12 kyllingevinger
- ½ kop mel
- ½ tsk chilipulver
- ⅓ kop madolie
- ½ kop Barbecuesauce
- ½ tsk varm pebersauce

Vejbeskrivelse

a) Tag vingespidserne ud og skær vingerne i halve. Drys en blanding af mel og chilipulver i og steg i varm olie, 8-10 minutter på hver side, indtil de er gyldenbrune. Afdryp på køkkenrulle.

b) Varm grillsauce og pebersauce sammen.

c) Tilsæt de kogte kyllingevinger og lad det simre et par minutter.

46. Hvidpeberede kyllingevinger

Udbytte: 6 Portioner

Ingrediens

- 20 kyllingevinger; skær i samlingen (gem vingespidserne til lager eller kassér dem)
- ¼ kop Friskkværnet hvid peber
- 2 spsk salt
- ½ kop sojasovs
- ¼ kop limesaft (ca. 2 limefrugter)
- 2 spsk hakket ingefær
- 2 tsk hakket hvidløg
- 2 spsk Hakket frisk rød eller grøn chilipeber efter eget valg
- 1 spsk sukker
- 2 spsk Frisk basilikum i tern
- 2 spsk Frisk koriander i tern

Vejbeskrivelse

a) sprøjt vingerne med peber og salt. Grill over en moderat varm ild, indtil de er godt brune, 5 til 7 minutter, drej rundt et par gange.

b) Tag den største vinge af bålet og tjek for færdighed ved at spise den.

c) Tag vingerne ud af grillen og læg dem i et stort fad.

d) Tilsæt alle de resterende ingredienser, bland godt og server.

47. Sojamarinerede kyllingevinger

Udbytte: 10 portioner

Ingrediens

- 2 pund kyllingevinger; skæres i 2 dele,
- Drumette s
- 3 fed hvidløg; hakket
- ⅓kop sojasovs
- 3 spsk Tør sherry eller risvin
- 2 spsk honning eller sukker
- 1 Stykke Frisk ingefærrod; 1-tommer, hakket
- 3 grønne løg; tyndt segmenteret
- 2 spsk asiatisk; (ristet) sesamolie
- 1 krydret asiatisk jordnøddedip

Vejbeskrivelse

a) Bland kyllingevinger med de næste 7 ingredienser. Læg i et fad eller en stor plastikpose og lad stå i køleskabet i mindst en time eller op til 3 dage. Vend af og til under marineringen. Grill over åben ild eller grill indtil de er sprøde.

b) Server sammen med peanut dip sauce.

48. Thai BBQ kyllingevinger

Udbytte: 1 Portion

Ingrediens

- 2 pund kyllingevinger; usammenhængende
- 1 dåse kokosmælk; (2 kopper)
- 1 moderat løg; groft hakket
- 2 spsk hvidløg; knust
- 2 teskefulde Gurkemeje
- 2 teskefulde thailandsk tørret chile; knust
- 2 tsk Galangal
- 1 spsk Groft salt
- 1 kop Thai; frisk hakket
- 1 kop løg; rød hakket
- 1 kop limesaft; friskpresset
- 1 spsk fiskesauce
- 1 tsk salt
- 2 spiseskefulde palme; eller lysebrunt, sukker opløst i
- ½ kop vand
- 2 spiseskefulde koriander; hakket

Vejbeskrivelse

a) Tag alle ingredienser, undtagen vingerne, og mal dem til en pasta med ensartethed af tynd yoghurt. En foodprocessor kan bruges til dette. Læg i et keramik- eller glasfad og bland med kyllingevingerne, bland til belægning. Stil på køl natten over.

b) Ryst overskydende belægning af og læg over varme kul og kog, så du ikke brænder på. Server med limesauce.

49. Indiske BBQ vinger

Udbytte: 4 Portioner

Ingrediens

- 16 kyllingevinger
- 1 kop almindelig yoghurt
- 2 spsk limesaft
- 1 tsk hvidløg, knust
- ½ tsk chilipulver
- ½ tsk Kardemomme, stødt
- ¼ teskefuld spidskommen, stødt
- ¼ tsk sort peber
- ¼ tsk nelliker, stødt
- ¼ teskefuld kanel
- knivspids Muskatnød
- Salt efter smag

Vejbeskrivelse

a) Klar marinade.

b) Prik 16 kyllingevinger over det hele med en gaffel eller skarp kniv og bland i marinaden. Lad være i mindst 2 timer, gerne natten over.

c) Grill forsigtigt, dryp overdådigt med overskydende marinade, indtil skorpen er delvist brunet og vingerne kogte

50. Krydrede grillvinger

Udbytte: 4 Portioner

Ingrediens

- ½ pund kyllingevinger
- ½ kop ketchup
- ½ kop vand
- 2 tsk dijonsennep
- 1 tsk salt
- 2 tsk Louisiana varm sauce
- ½ tsk chilipulver
- 2 fed hvidløg - hakket
- ¼ kop citronsaft
- 1 spsk brun farin
- 2 spsk olie
- 2 spsk Worcestershire sauce
- ¼ teskefuld Spidskommen
- 1 tsk sort peber
- Olie til friturestegning

Vejbeskrivelse

a) Bland ingredienserne til BBQ-sauce sammen i en stor, tung gryde.

b) Bring det i kog, reducer derefter varmen og lad det simre i 15 minutter. I en stegepande eller wok varmes olie op til 375º F (190º C). Frituresteg et par vinger ad gangen, indtil de er gennemstegte, cirka 10-15 minutter.

c) Dræn stegte vinger på et absorberende håndklæde. når alle vingerne er kogte, læg dem i den simrende BBQ sauce. Rør til pels og server.

51.O række grillede vinger

Udbytte: 24 Forretter

Ingrediens

- 12 kyllingevinger; tip taget ud
- ⅓ kop chilisauce
- ¼ kop appelsinmarmelade
- 1 spsk rødvinseddike
- 1½ tsk Worcestershire sauce
- ¼ teskefuld hvidløgspulver
- ¼ tsk færdiglavet sennep

Vejbeskrivelse

a) Skær hver vinge i halve; placeres i en stor genlukkelig pose. Tilføj saltlage ingredienser; forseglingspose. Vend posen til at dække vingerne. Stil den på køl i mindst 4 timer eller op til 24 timer, roter posen lejlighedsvis. Varm grillen op til 375 grader

b) Dræn kyllingen, portioner marinade igen

c) Læg kyllingen på en grillpande. Bag 45-60 minutter, pensl af og til med marinade. Kassér eventuelt resterende marinade.

52. BBQ wingflingers

Udbytte: 1 Portion

Ingrediens

- ½ pose frosne kyllingevinger
- ¼ kop salatolie
- 5 moderate s Løg i tern
- 3 kopper tomatsauce
- 1½ kop pakket brun farin
- ¾ kop hvid eddike
- 3 spsk Worcestershire sauce
- 4 spsk chilipulver
- 2 spsk salt
- ¼ teskefuld tør sennep

Vejbeskrivelse

a) Varm grillen op til 400.

b) I varm salatolie over medium-høj varme, steg løg indtil de er møre.

c) Tilsæt resterende ingredienser, varm op til kogning under konstant omrøring.

d) Reducer varmen og lad det simre i 30 minutter, omrør af og til.

e) Hæld over vinger og bag i sauce i 1 time.

53. Grillede Buffalo wings

Ingrediens

- 4 lbs. kyllingevinger
- 1 kop cidereddike 1 tsk rød peberflager
- 2 spsk vegetabilsk olie 1 tsk salt
- 2 spsk Worcestershire sauce 1 tsk friskkværnet peber
- 2 spsk chilipulver 1 spsk Tabasco eller din yndlings hot sauce

Vejbeskrivelse

a) Bland alle ingredienser til saltlagen i et lille fad og rør grundigt. Læg kyllingevingerne i en stor plastikpose og hæld marinaden i. Tryk luften ud og forsegl posen tæt.

b) Massér posen blidt for at fordele marinaden. Sæt i et stort fad og stil det på køl eller læg det på køl i flere timer (bedst natten over), masser posen af og til.

c) Klargør en moderat ild i din grill. Placer en olieret grillstativ 4-6 tommer over kullene eller lavastenene. Tag vingerne ud af marinaden, ryst det overskydende af og anret dem på grillrist.

d) Grill, drej ofte og pensl med den reserverede saltlage. Omkring 25 til 30 minutter bør gøre det, indtil huden begynder at forkulle.

54. Citron-lime sodavand kyllingevinger

Ingrediens

- citron-lime sodavand
- soya sovs
- olivenolie, sennep
- hvidløg
- spidskål

Vejbeskrivelse

a) Tilsæt citron-lime sodavand, sojasauce, olivenolie, sennep, hvidløg og spidskål til en ret, og bland derefter for at blande. Læg kyllingen i store genlukkelige poser, hæld derefter saltlagen i og sørg for, at kyllingen er godt dækket. Stil på køl i mindst 8 timer eller natten over.

b) Varm grillen op til moderat . Når din grill er varm, skal du bruge en tang til at dyppe en klud køkkenrulle i vegetabilsk olie og køre dem et dusin gange hen over ristene.

c) Grill kyllingen, drys af og til med den resterende marinade, indtil kyllingen er gennemstegt, ca. 5-6 minutter på hver side.

GRILLET PØLSE

55. Morgenmad pølse bolde

Udbytte: 12 portioner

Ingrediens

- 2 spsk appelsinjuice, frosset koncentrat
- 2 spsk ahornsirup
- 4 segmenter Brød
- 1 æg, let blandet
- ½ pund Mild Bulk Pølse
- ½ kop i tern Grillede pekannødder
- 2 spsk Persilleflager

Vejbeskrivelse

a) Bryd brødet i appelsinjuice og ahornsirup. Tilsæt æg og bland grundigt.

b) Bland de resterende ingredienser i. Lav små pølsekugler på cirka 1 tomme i diameter eller til bøffer. Steg langsomt på en bageplade eller bageplade ved moderat varme, indtil de er brune.

c) Genopvarm i en varm grill før servering.

56. Grillet vildsvampe pølse

Udbytte: 2 portioner

Ingrediens

- 6 ounce kyllingebryst; Udbenet og flået
- 1 æg
- 2 ounce Heavy Cream; Kold
- 3 ounce Cremini svampe
- 3 ounce Portabella svampe
- 3 ounce Shitake svampe
- 3 ounces knapsvampe
- ½ ounce fine urter (persille; estragon, purløg, kørvel)
- 1 ounce skalotteløg; i tern
- Salt; At smage
- Peber; At smage
- Smør

Vejbeskrivelse

a) Til kyllingemoussen: Purér kyllingen i en foodprocessor, indtil den er jævn. Tilsæt salt og peber og ægget. Puls bare for at blande og skrabe siderne.

b) Mens foodprocessoren kører, tilsæt fløde gradvist gennem føderøret.

c) Chill og reserver. Vask og del svampene. I en varm stegepande koges svampene med smør. Når svampene er brune, tilsættes skalotteløg og krydderurter. Tag ud af panden og afkøl. overlapper svampe og kylling sammen.

d) flad plastfolie på et bord. Ned i midten , ske med en 1-tommers bunke af svampeblandingen. Rul plastikken til en træstamme. Bind enderne med en snor og bind dem til led. Pocher i kogende vand i 10 minutter. Chok linkene i isvand. Dette kan gøres op til 3 dage frem. For at servere skal du tage pølsen ud af plastikken og grille, stege eller ryge, indtil den er varm hele vejen igennem. Segmentér pølsen og server den med en blandet salat.

57. Grillet pølse tapas

Udbytte: 6 portioner

Ingrediens

- ½ pund Fuldt kogt røget pølse
- ½ pund Fuldt kogt Bratwurst
- ½ pund kogt sommerpølse
- 10 ananasstykker, drænet
- 1 rødt lækkert æble, skåret i tern
- 1 sommersquash/zucchini, skåret i 1 tomme stykker
- 2 små løg, forkogte, skåret i tern
- 4 faste blomme- eller cherrytomater, halveret
- 4 moderate s til 6 hele svampe
- 1 lille grøn og rød peberfrugt
- Citron Peber saltlage / Sauce
- ¾ kop olivenolie
- 3 spsk rødvinseddike
- ⅓ kop frisk citronsaft
- 2 tsk revet citronskal
- 1 fed hvidløg, hakket
- 2 spsk sukker

- ½ tsk timian
- ¼ teskefuld friskkværnet peber
- ½ tsk salt

Vejbeskrivelse

a) I en stor blandeskål tilsættes ingredienserne til citronpeberlage . blend med en wire piskeris indtil godt blandet. Tilsæt pølsestykker og overtræk godt, drej rundt med en spatel. saltlage i køleskabet mindst 1 time, drej af og til. Varm grillen op.

b) Skift pølse med frugt og grønt på spyd .

c) Placer kabobs på grillen; pensl rigeligt med resterende saltlage .

d) Grill 5 til 6 minutter - drej efter behov. Pensl med saltlage .

58. Grillede pølser

Udbytte: 1 portioner

Ingrediens

- 2 pund Frisk oksekød og lammepølselinks
- 2 pund røget whisky fennikel svinepølse links; om
- Hjemmelavet tomatketchup
- Assorterede sennep
- 12 små franske brød eller pølseboller
- 4 moderat s Løg; i tern
- 4 fed hvidløg; i tern
- Fire dåser hele tomater
- $\frac{1}{2}$ kop sukker
- 1 kop cidereddike
- 1 tsk hele nelliker
- 1 tsk Hel allehånde; knust
- 1 kanelstang
- 1 tsk selleri frø
- 2 tsk tør sennep
- 1 tsk paprika
- Tabasco efter smag

Vejbeskrivelse

a) Klar grill.

b) Grill friske pølser på en olieret rist sat 5 til 6 inches over glødende kul, roter dem, 10 til 15 minutter, eller indtil gennemstegt (170F. på et øjeblikkeligt aflæst termometer). Grill røgede pølser på en rist, drej dem, 5 til 8 minutter, eller indtil de er gennemvarme

c) Server pølser med ketchup og sennep på brød.

d) Lav tomatketchup:

e) I en kraftig kedel koges løg, hvidløg og tomater.

f) Dæk til ved moderat lav varme, omrør lejlighedsvis, indtil løgene er meget bløde, cirka 40 minutter. Tving blandingen gennem en madmølle udstyret med en grov skive til et fad .

g) Rør puré, sukker og eddike sammen i en ren kedel, og lad det simre, afdækket, omrør ofte for at forhindre svidning, indtil reduceret med fraktioneret , ca. 20 minutter

h) Bind nelliker, allehånde, kanel og sellerifrø i en ostelærredspose og tilsæt tomatblandingen med sennep og paprika. Lad blandingen simre under omrøring, indtil den er meget tyk, cirka 10 minutter

59. Grillet røget pølse

Udbytte: 4 portioner

Ingrediens

- 1 liter kyllingebouillon
- ¾ ounce majsstivelse
- ½ liter rødvinseddike
- ½ liter ekstra jomfru olivenolie
- ½ tsk salt
- 1 tsk Frisk basilikum i tern
- 1 tsk Frisk oregano i tern
- ½ tsk Frisk hvidløg i tern
- 1 tsk Frisk timian i tern
- 1 porre skåret i kvarte
- 1 Zucchini segmenteret 1/8" tyk
- 1 gul squash 1/8" tyk
- 1 løg segmenteret 1/8" tyk
- 1 tomat segmenteret 1/8" tyk
- 4 røgede pølser

Vejbeskrivelse

a) Bring bouillon (bouillon) i kog. Fortynd majsstivelse i lidt koldt vand eller bouillon. Tilsæt gradvist den fortyndede majsstivelse. Rør op, indtil bouillonen er tyk nok til let at dække bagsiden af skeen

b) Lad bouillon køle af. Når det er afkølet, kom eddike og olie sammen med krydderurter i foodprocessoren. Tilsæt salt efter smag.

c) Varm grill

d) Bland let grøntsager i saltlage, lige nok til at dække.

e) Sæt på grillen og kog indtil de er møre, cirka 3-5 minutter

f) Grill røget pølse sammen med grøntsager. Server røget pølse med arrangement af grøntsager.

60. Morgenmad pølse sandwich

Udbytte: 1 portion

Ingrediens

- Blødgjort smør eller margarine
- 8 segmenter Brød
- 1 pund svinepølse, kogt
- Smuldret og drænet
- 1 kop revet cheddarost
- 2 æg, blandet
- 1½ kop mælk
- 1½ tsk sennep

Vejbeskrivelse

a) Fordel smør på den ene side af hvert brødsegment.

b) Placer 4 segmenter, med smørsiden nedad, i et enkelt lag i en let smurt 8-tommer firkantet bageform.

c) øverste hvert brød segment med pølse og resterende brød segmenter, smørsiden opad. Drys med ost.

d) Bland de resterende ingredienser; sprøjt over sandwich. dæk med låg og stil på køl i mindst 8 timer.

61. Grill polsk pølse

Udbytte: 100 portioner

Ingrediens

- $18\frac{3}{4}$ pund polsk pølse
- $3\frac{1}{8}$ pund surkål
- 1 pund løg tørret
- 100 boller Frankfurter
- $1\frac{1}{8}$ pund sennep

Vejbeskrivelse

a) Grill op til den er gennemstegt og brun. Vend ofte for at sikre en jævn bruning.

b) Læg 2 stykker pølse i hver rulle.

c) Fordel 1 tsk sennep på hver pølse. Tilsæt 1 spsk surkål og 1 tsk hakkede løg.

d) Serveres varm.

62. Grillede andouille pølse roulader

Udbytte: 1 portion

Ingrediens

- 2 tsk olivenolie
- ½ pund Andouille pølse
- ½ kop finthakkede løg
- ½ pund Maytag blå ost
- 1 pund Flankebøf; skæres i 4
- Essens
- kvælede kartofler
- 1 spsk Frisk persille i fint tern
- 1 spsk Olivenolie
- 1 kop Skær løg i tynde segmenter
- Salt
- Friskkværnet sort peber
- ¼ pund valnøddehalvdele
- 1 pund Nye kartofler; kvarte og grillet
- 2 tsk hakket hvidløg
- 2 kopper Kalvekød reduktion

Vejbeskrivelse

a) Varm grillen op.

b) Læg hvert stykke flankebøf mellem to ark plastfolie.

c) Brug en måltidshammer til at slå hver bøf omkring ¼ tomme tyk. Tag plastfolien ud og kassér den.

d) Krydr begge sider af bøffen med essens.

e) Hæld 2 ounce af pølseblandingen jævnt over hver bøf. Drys 2 ounce af osten jævnt over hver bøf. Start i den ene ende, rul hver bøf stramt op, så du danner en gelé-rulle-lignende form.

f) Fastgør hver roulade med tre tandstikkere.

g) Placer rouladerne på grillen og steg i 2 til 3 minutter på alle sider, til moderat sjældne.

h) Tag den ud af grillen og lad den hvile et par minutter, inden den skæres i skiver.

i) Brug en skarp kniv til at segmentere hver roulade i ½ tomme segmenter.

j) Til servering, ske med kartoflerne i midten af hver tallerken. Arranger rouladestykkerne rundt om kartoflerne. Pynt med persille.

63. Grillet vildtpølse crepinetter

Udbytte: 1 portion

Ingrediens

- 1 pund and med fedt
- ½ pund svinekød
- ¼ pund Pancetta
- 1 tsk spidskommen frø
- 1 tsk kanel
- 1 tsk salt
- ¼ pund Caul fedt
- 4 spsk ekstra jomfru olivenolie
- 2 fed hvidløg, tyndt opdelt
- 2 kopper Grønkål
- Salt og friskkværnet peber efter smag
- 2 flasker balsamicoeddike, reduceret til 20 procent til sirup

Vejbeskrivelse

a) Varm grillen eller grillen op.

b) Skær and, svinekød og pancetta i ¼-tommers tern. Kør kødet gennem en kværn. Blandingen skal være ret ru.

c) Bland det hakkede kød i et stort rørefad med kanel, spidskommen og salt. Bland meget godt. Del blandingen i 8 lige store ovale bøffer, cirka ½ tomme tykke. Pak hver patty ind i caul fedt. Læg bøfferne under grillen eller på grillen og steg dem igennem, cirka 4 til 5 minutter på hver side. Sæt til side.

d) Varm olivenolien op i en stor 12- til 14-tommer stegepande , indtil den lige ryger.

e) Tilsæt hvidløg og steg indtil meget lysebrun, cirka 2 minutter. Bland grønkålen i, og sauter under hurtig omrøring i ca. 2 til 3 minutter, indtil den lige er visnet, men ikke for blød. Tag af varmen og smag til med salt og peber.

f) Fordel blandingen ligeligt på 4 tallerkener og server.

64. Hjemmelavet marokkansk lammepølse

Udbytte: 4 portioner

Ingrediens
- 1⅓ pund Magert lam, malet med
- ⅔ pund Lamme-, svine- eller oksekødsfedt
- 2 spsk vand
- 1½ spsk hakket hvidløg
- 2 spsk Frisk koriander i tern
- 2 spsk Frisk persille i tern
- 2 spsk paprika
- 1½ tsk stødt spidskommen
- 1½ tsk stødt koriander
- 1¼ tsk kanel
- ¾ tsk cayennepeber
- 1¼ tsk salt
- ½ tsk Friskkværnet peber
- 2 fods svinehus
- 2 spiseskefulde olivenolie; valgfri
- 1 stor grøn peber; valgfri
- 2 moderate s Løg; valgfri

Vejbeskrivelse

a) Bland alle ingredienser undtagen olivenolien og de tre valgfrie ting i et stort fad og bland godt.

b) Varm grillen eller grillen op.

c) Grill eller grill 3 til 4 minutter på hver side, indtil den er gennemstegt. Til sugetabletter, pensl med olie og steg 3 til 4 minutter på hver side. Til frikadeller, pensl med olie og grill 4 til 5 minutter på hver side eller steg ved høj varme.

d) Hvis det ønskes, kan pølser spikes på spyd skiftevis med grøn peberstykker og løgkvarter før grillning

65. Grillede græskar og ølpølser

Udbytte: 1 portion

Ingrediens

- 1 flaske øl øl
- 4 ounces græskar; frisk eller dåse
- 1-ounce hvidløg; i tern
- 1-ounce ren ahornsirup
- 2 Links hver and; gennemboret med en gaffel
- 2 Links vildtkød; gennemboret med en gaffel
- 2 Links kyllingepølse; gennemboret med en gaffel
- 1 lille rødløg; Segmenteret tynd
- 1 spsk Smør
- Salt
- Peber
- 1 fennikel; barberet
- 1 ounce hver saga bleu ost
- 1 ounce engelsk stilton
- 1-ounce Gorgonzola

Vejbeskrivelse

a) Bland porter, græskar, hvidløg og ahornsirup og sprøjt over pølser.

b) Tag pølser ud af saltlage og steg dem på 500 graders grill i 10 minutter. Segmentér og grill indtil færdig.

c) Steg løg i smør ved lav varme, indtil de er bløde og gennemsigtige. Smag til med salt og peber

66. Grillet pølse i tortillas

Udbytte: 15 portioner

Ingrediens

- 1 pund varm eller sød italiensk pølse
- 1 kop fyldig rødvin
- 9 8-tommer mel eller 6-tommer majstortillas
- Honning sennep

Vejbeskrivelse

a) Placer pølsen i enkelt lag i 9-tommers bageplade . sprøjt vin over pølsen. Bring i kog. Reducer varmen, dæk delvist med låg og lad det simre indtil pølserne er gennemstegte, drej ofte rundt i cirka 12 minutter.

b) Tag pølsen ud af panden og afkøl den lidt.

c) Klar grill (moderat - høj varme). Skær pølser i $\frac{1}{2}$-tommers segmenter. spidssegmenter på lange metalspyd ved at bruge 3 til 4 spyd.

d) Skær tortillaerne i kvarte og pak dem ind i folie. Læg tortillas på siden af grillen for at blive varmet igennem. Grill pølsen, indtil den er gennemvarmet og svitser på alle sider, cirka 5 minutter.

e) Tag pølsen ud af spydene og læg den i et fad . Server pølse med tortillas og sennep.

67. Grillede pølse sandwich

Udbytte: 4 portioner

Ingrediens

- 1 spsk Olivenolie
- 1 løg i tern
- 1 fed hvidløg, hakket
- 1 sød rød peber, groft hakket
- Knib varme peberflager
- Tomater
- 2 spsk Frisk persille i tern
- ¼ tsk. Hver salt og peber
- 4 italienske pølser
- 4 sprøde italienske ruller
- 4 salatblade
- 4 tsk Friskrevet parmesanost

Vejbeskrivelse

a) I tung gryde, opvarm olie over moderat varme; kog løg og hvidløg under omrøring af og til i 5 minutter eller op til det er blødt. Tilføj rød peber og hot peber flager; kog i 2 minutter.

b) Rør tomater, persille, salt og peber i; bring i kog. Reducer varmen; lad det simre i 20 minutter eller op til det er tyknet.

c) Skær imens pølser på langs næsten hele vejen igennem. Åbn og placer, med snitsiden nedad, på en smurt grill over moderat -høj varme; steg i cirka 5 minutter på hver side eller indtil de er sprøde på ydersiden og ikke længere lyserøde indeni.

d) Segmentér hver rulle i fraktioneret vandret; toast med skæresiden nedad i 2 til 3 minutter eller op, indtil de er lige gyldne. øverste hver bund fraktioneret med salat og pølse; ske med tomatsauce over toppen . Drys med parmesan; dæksel med låg med overdel brøkdel af rulle.

68. Grillet pølse med peber

Udbytte: 1 portion

Ingrediens

- 12 italiensk pølse; (middels varmt)
- 3 store røde peberfrugter
- 2 moderate s Løg
- 3 ører majs
- 2 Beefsteak-tomater
- 12 store basilikumblade
- ⅓kop og 4 spiseskefulde ekstra jomfru olivenolie
- Kosher salt efter smag
- Friskkværnet sort peber efter smag
- 4 spsk balsamicoeddike
- 1 stort fed hvidløg; (Tern)

Vejbeskrivelse

a) Klargør en moderat ild og placer grillen 6 tommer over kullene. Læg de 4 spiseskefulde olie i et fad og bland de hakkede hvidløg i.

b) Pensl peberfrugter, løg og majs med olie og krydr med salt og peber.

c) Læg peberfrugterne på grillen (med den skærende side nedad) og steg dem i cirka 4-5 minutter.

d) Vend grillen i yderligere 2 minutter. Pas på, at huden ikke bliver for brændt.

e) Tag peberfrugt og julienne ud. Læg løgene på grillen og steg i 3 minutter på hver side. Tag ud af grillen og skær i ½ tomme stykker.

f) Læg majsene på grillen og kog i 1 minut. Drej majsen og fortsæt med at grille

g) Tag ud af grillen og tag kernerne ud af kolben med en kniv. Læg pølsen på grillen og steg i cirka 4 minutter på hver side. Pølser skal koge på cirka 6-8 minutter.

h) Læg juliennepeber, hakkede løg, majskerner og hakkede tomater i et fad. Tilsæt basilikum

i) Smag til med salt og peber

j) Fordel salat i seks tallerkener og læg to pølser på hver tallerken. Server med sprødt italiensk brød.

69. Grillpølse med krydret sennep

Udbytte: 1 portioner

Ingrediens

- Mild italiensk pølse --
- Grillet
- Krydret sennep
- Spyd

Vejbeskrivelse

a) Grill eller grill mild italiensk pølse; skæres i stykker og serveres på spyd, ledsaget af yndlingskrydret sennep.

70. Grillpølse og Portobello

Udbytte: 6 portioner

Ingrediens

- 2 pund Tomater; halveret
- 1 stor Portobello-svamp
- 1 spsk vegetabilsk olie
- 1 tsk salt; delt op
- 1 pund søde italienske pølser
- 2 spsk olivenolie
- 1 tsk hakket hvidløg
- $\frac{1}{4}$ teskefuld timian
- $\frac{1}{4}$ tsk Friskkværnet peber
- 1 pund Rigatoni

Vejbeskrivelse

a) Varm grill

b) Pensl tomater og svampe med vegetabilsk olie og krydr med $\frac{1}{2}$ tsk salt. Grill ved moderat -varm varme, indtil de er møre, 5 til 10 minutter for tomater og 8 til 12 minutter for svampe, roter en gang. Grill pølser 15 til 20 minutter, roter en gang.

c) Skær tomater i tern; segment pølser og svampe; Skift til stort fad. Rør olivenolie, hvidløg, den resterende $\frac{1}{2}$ tsk salt, timian og peber i.

d) bland med varm rigatoni.

71. Sauced Grillede pølser

Udbytte: 1 portion

Ingrediens

- 1 ounce tørrede porcini-svampe
- 1½ kop varmt vand
- 3 spsk olivenolie
- 1 stort løg; i tern
- 3 store fed hvidløg; i tern
- 1½ spsk Frisk rosmarin i tern
- ¼ tsk Tørret stødt rød peber
- 2 dåser italienske blommetomater; drænet, i tern
- 2 spsk tomatpure
- 3½ pund Diverse ukogte pølse

Vejbeskrivelse

a) Læg svampe i et lille fad . Tilsæt 1½ kopper varmt vand; lad hvile 30 minutter for at blive blød.

b) Tag svampe ud af iblødsætningsvæsken, pres svampe for at frigive væske i samme skål . Reserve væske

c) Varm olie op ved moderat varme

d) Tilsæt løg og hvidløg; steg indtil de er møre, cirka 8 minutter. Tilsæt rosmarin og rød peber og steg 1 minut. Tilsæt tomater, tomatpure og champignon. sprøjt svampevæske i , så der efterlades bundfald i bunden af fadet . Bring saucen i kog under jævnlig omrøring.

e) Reducer varmen; lad det simre, indtil det er tykt, under omrøring af og til, ca. 1 time. Sæson

f) Grill pølser, indtil de lige er gennemstegte, og drej af og til i cirka 12 minutter

72.   Grillpølser med vindruer

Udbytte: 1 portion

Ingrediens

- 4 spsk jomfruolivenolie
- 1 moderat rødløg, tyndt opdelt
- 1 pund Vin eller lilla druer
- ½ pund Napa-kål, segmenteret, i 1/8" stykker
- 8 italienske fennikelpølser prikket med gaffel
- 4 spsk rødvinseddike
- Salt og peber efter smag

Vejbeskrivelse

a) Varm grillen op.

b) Varm olivenolie op i en 12 til 14 tommer stegepande, indtil den ryger. Tilsæt løg og kog indtil det er blødt og begynder at brune, cirka 6 til 7 minutter.

c) Tilsæt vindruer og kål og kog indtil kål er blød og nogle druer har udvidet sig, ca. 12 til 15 minutter.

d) I mellemtiden placeres pølsen på grillen og koges igennem, roterer regelmæssigt, omkring 12 til 15 minutter.

e) Tilsæt eddike til kålblandingen og smag til med salt og peber.

f) Læg pølse over kål og server fra panden.

73.   Grillede thailandske kyllingepølser

Udbytte: 1 portion

Ingrediens

- 6 thai-krydrede kyllingepølser
- 6 pølseboller
- 6 spiseskefulde fedtfattig eller almindelig mayonnaise
- 1 lille grillet rød peberfrugt; finthakket
- 2 spsk Thai jordnødde-satay sauce
- $4\frac{1}{2}$ tsk limesaft

Vejbeskrivelse

a) Kog pølser over varme kul, indtil de er gennemstegte; tilføje ruller det sidste minut eller to til at riste.

b) Bland mayonnaise, rød peber, sataysauce og limesaft i et lille fad ; bland godt.

c) Spred ristede ruller med mayonnaiseblanding; tilsæt pølser og pynt efter ønske.

74.   Rejer og pølsegrill _ _

Udbytte: 4 portioner

Ingrediens

- ¾ kop olivenolie
- 2 spsk (pakkede) friske timianblade
- 2 (store) nelliker; hakket
- ½ tsk Tørret stødt rød peber
- 32 store ukogte rejer; skrællet, afveget
- 32 Cremini- eller knapsvampe; stilke trimmet
- 8 bambusspyd; udblødt 30 minutter i vand
- 1½ pund Andouille pølse

Vejbeskrivelse

a) Blend olivenolie, timian, hakket hvidløg og knust rød peber i processor 1 minut. sprøjt blandingen i et stort fad. Tilsæt rejer og lad hvile 1 time ved stuetemperatur. Tag rejer ud af saltlage ; reserve saltlage . spids 1 champignon vandret på 1 spyd.

b) Hold 1 andouille stykke i kurven af 1 reje; spids sammen på spyd, glidende ved siden af champignon. repliker , alternerende i alt 4 svampe, 4 rejer og 4 andouillestykker på hvert spyd

c) Klar grill (moderat - høj varme). Bring reserveret saltlage i kog i en tung lille gryde.

d) Anret spyd på grillen og pensl med lage . Grill indtil rejerne er gennemstegte, drej af og til og drys med lage i cirka 8 minutter.

75. Bagte grillpølser

Udbytte: 20 portioner

Ingrediens

- 2 kopper tomatsauce; <ELLER>
- 2 kopper tomatpuré
- 4 spsk chilisauce
- 1 spsk Eddike
- 1 spsk citronsaft
- 2 tsk sukker
- Salt og peber
- ½ tsk paprika
- ¼ teskefuld kanel
- hakkede løg; efter ønske efter smag
- ¼ teskefuld Allehånde
- 3 Stilk Selleri

Vejbeskrivelse

a) Skær løg og selleri i tern og brun i madolie.

b) Tilsæt de resterende ingredienser og kog i cirka 20 minutter.

c) sprøjt over hotdogs i en brødform, og steg en time på grill ved 350°

76. Grillet hotdogs

Ingrediens

- 2/3 c. bøf sauce
- 1 t. brun farin
- 1/2 c. ananaskonserves
- hotdogs
- 2 T. smør

Vejbeskrivelse

a) Bland de første fire ingredienser. Varm op i en lille gryde ved lav varme, indtil sukkeret er opløst, rør af og til.

b) Grill hotdogs over glødende kul, dryp med sauce.

c) Vend ofte.

77. Ølwurst

Ingrediens

- 12 bratwurstpølser
- 24 ounce øl
- en engangspande i aluminium

Vejbeskrivelse

a) Varm grillen op og klar til indirekte grillning. Placer aluminiumspanden over den uopvarmede del af grillen. sprøjt øl i panden. Sæt pølser over direkte varme. Ilden skal være en moderat varme. Luk låget og kog i cirka 10 minutter. Vend bratwursts ofte.

b) Når bratwursterne begynder at brune, flyttes de ned i gryden med øllet. Når alle bratwursterne er i gryden, luk låget og kog i cirka 20 minutter mere

c) Server lige ud af panden, så pølserne er varme og saftige.

GRØNTSAGER

78. Champagne grillede porrer

Udbytte: 4 Portioner

ingredienser

- 6 lækager af moderat størrelse
- 2 spsk olivenolie
- 1 kop frisk timian; groft skåret i tern
- 2 kopper Champagne
- 1 kop kyllingefond
- 1 kop smuldret fetaost
- Salt og peber; at smage

Vejbeskrivelse

a) Trim top og bund af porrer, efterlader omkring 2 til 3 tommer grønt over den hvide del af porren. Fra midten af trimmet porre laver du flere langsgående segmenter mod porrens grønne. Skyl porrerne grundigt.

b) Varm olivenolie op over moderat varme i en stor pande. Når olien er varm, tilsæt timian og rør i 1 minut. Tilsæt porrer og svits i 3 minutter, indtil de er let gyldne på flere sider. Tilsæt champagne og bouillon, og lad porrerne simre indtil de er møre, cirka 8 minutter. Tag porrerne ud af panden og stil dem til side.

c) Fortsæt med at simre saucen, der er tilbage i gryden, indtil den er reduceret til det halve. Grill i mellemtiden porrer over moderat varmt trækulsbål i 8 til 10 minutter, roter flere gange. Tag porrerne ud af grillen og del dem i to på langs.

d) Server straks, og tilsæt lidt feta og lidt af den reducerede sauce til hver portion

79. Kulgrillede shiitakes

Udbytte: 4 Portioner

ingredienser

- 8 ounce shiitakes
- 1 spsk Olivenolie
- 1 spsk Tamari
- 1 spsk hvidløg, knust
- 1 tsk rosmarin, hakket
- Salt og sort peber
- 1 tsk ahornsirup
- 1 tsk sesamolie
- Edamame

Vejbeskrivelse

a) Skyl svampe. Tag ud og kassér stilke. Bland svampe med de resterende ingredienser og mariner i 5 minutter. Grill hætterne over kul, indtil de er let svitsede.

b) Pynt med Edamame.

80. Grillede konfetti grøntsager

Udbytte: 4 Portioner

ingredienser

- 8 cherrytomater; - halveret, op til 10
- 1½ kop majs skåret af kolber
- 1 sød rød peber; julienned
- ½ moderat grøn peber; julienned
- 1 lille løg; Segmenteret
- 1 spsk Friske basilikumblade; i tern
- ¼ tsk revet citronskal
- Salt og peber; at smage
- 1 spiseskefuld + 1 tsk usaltet smør eller; margarine; afbryder

Vejbeskrivelse

a) Bland alle ingredienser undtagen smør i et stort fad; bland forsigtigt for at blande godt. Del grøntsagsblandingen i to. Placer hver halvdel i midten af et 12 x 12" stykke kraftig aluminiumsfolie. Prik grøntsager med smør

b) Bring hjørner af folie sammen for at danne en pyramide; drej for at forsegle.

c) Grill foliepakker over moderat varme kul i 15 til 20 minutter, eller indtil grøntsagerne er møre. Server straks.

81. Rør grillede artiskokker

Udbytte: 6 Portioner

ingredienser

- 12 store unge artiskokker
- 1½ kop sherryvineddike
- ½ kop citronsaft
- 1 kop olivenolie
- salt og peber

Vejbeskrivelse

a) Tag fat i artiskokkerne en efter en i stilken og slå mod arbejdsfladen for at åbne dem uden at brække bladene af.

b) Skær stilkene af; vask i koldt vand og afdryp. Arranger et lag af artiskokker i et stort fad. Smag godt til og drys generøst med eddike, og tilsæt derefter lidt citronsaft og en smule olie.

c) gentag processen indtil alle artiskokkerne er i saltlagen. Lad det marinere i 8 timer, og rør af og til med en lang træske.

d) Når de er marineret, grilles artiskokkerne over trækul eller hårdttræ og drysser dem med saltlage.

e) Server meget varmt, to til en tallerken, i en 'siddestilling' med bladene pegende opad.

82. Osteagtige grillede kartofler

Udbytte: 4 Portioner

ingredienser

- 3 rødbrune kartofler, hver skåret i 8, på langs
- 1 løg, tyndt opdelt
- 2 spsk olivenolie
- 1 spsk Frisk persille i tern
- $\frac{1}{2}$ tsk hvidløgspulver
- $\frac{1}{2}$ tsk salt
- $\frac{1}{2}$ tsk groftkværnet peber
- 1 kop revet cheddarost eller Colby-jack ost

Vejbeskrivelse

a) I stort fad Bland kartoffelbåde, løg, olie, persille, hvidløgspulver, salt og peber. Placer i en foliegrillepande i enkelt lag . Dæk med en anden folieform for at danne en pakke. Forstærk den forseglede kant af pakken med folie.

b) Placer på grill over moderat varme; kog 40 til 50 minutter eller indtil de er møre, ryst pakken med jævne mellemrum og drej på hovedet halvvejs gennem grillningen. Tag dækslet ud; top med ost. Dæk til, kog 3 til 4 minutter mere, indtil osten smelter.

83. Byg pilaf m grillede æbler

Udbytte: 6 Portioner

ingredienser

- 1 kop byg
- 2 tsk rapsolie
- 1 tsk vaniljeekstrakt
- $\frac{1}{8}$ teskefuld stødt kanel
- $\frac{1}{8}$ tsk revet muskatnød
- $\frac{1}{8}$ teskefuld Kværnet kardemomme
- $1\frac{1}{2}$ kop æblejuice
- $1\frac{1}{2}$ kop vand
- 2 Bageæbler
- 2 spsk æblejuice
- $\frac{1}{4}$ tsk stødt kanel

Vejbeskrivelse

a) PILAF: Bland byg, olie, vanilje, kanel, muskatnød og kardemomme i en 2-liters gryde. Svits indtil dufter, ca. 2 minutter . Tilsæt æblejuice og vand

b) Bring i kog, reducer varmen, læg låg på og lad det simre i 45 til 60 minutter eller indtil byggen er mør og al væsken er absorberet.

c) ÆBLER: Udkern æblerne og skær dem på kryds og tværs i tynde runder. Læg på en bageplade. drys med 1 spsk æblejuice og $\frac{1}{8}$ tsk kanel. Grill cirka 4 tommer fra varmen i cirka 3 minutter. Vend segmenterne og drys med den resterende saft og kanel. Grill i 2 minutter. Serveres varm med pilaf.

84. Grillet squash og zucchini

Udbytte: 4 Portioner

ingredienser

- ¼ kop olivenolie
- 1 spsk hakket hvidløg
- ¼ kop hakket frisk chilipeber af
- Dit valg
- 2 spsk Comino frø
- Salt og peber efter smag
- 2 moderate s Zucchini, skåret på langs
- 2 moderate s Sommersquash, skåret
- ¼ kop olivenolie
- ⅓ kop frisk limesaft
- 3 spiseskefulde honning
- ¼ kop Frisk koriander i groft hakket
- Salt og peber efter smag

Vejbeskrivelse

a) Lav dressingen: I et lille fad, pisk alle ingredienserne sammen og læg til side.

b) Bland olivenolie, hvidløg, chilipeber og cominofrø i en moderat skål og bland godt. Tilsæt squash- og zucchiniplankerne og bland godt, så squashene er helt dækket af blandingen.

c) Placer squashene på grillen over en moderat varm ild og steg i cirka 3 minutter på hver side, eller indtil de er godt brune. Tag squashene ud af grillen, læg dem på et fad, drys med dressingen og server.

85.   Fettuccine med østerssvampe s

Udbytte: 4 Portioner

ingredienser

- 8 fed hvidløg; tyndt segmenteret
- 4 spsk jomfruolivenolie
- 1 kop Cinzano Rosso eller anden sød rød vermouth
- ½ pund østerssvampe; grillet eller grillet
- 1 kop kyllingefond
- 4 spiseskefulde ekstra jomfru olivenolie
- Salt; at smage
- Friskmalet sort peber; at smage
- 1 pund Frisk pasta; skåret i fettuccine
- 1 bundt frisk rucola; stammede, vaskede,
- Håndfuld ærter til pynt

Vejbeskrivelse

a) Bring 6 liter vand i kog og tilsæt 2 spsk salt. I en 10- til 12-tommers stegepande opvarmes 4 spsk jomfruolivenolie over moderat varme, og hvidløg tilsættes og brunes indtil lysebrun. Tag af varmen og tilsæt Cinzano.

b) Sæt på brænderen og tilsæt østerssvampe, hønsefond og 4 spsk ekstra jomfru olivenolie og reducer med det halve. Smag til med salt og peber. Hæld pastaen i kogende vand og kog indtil den er mør, men al dente (ca. 1 til 2 minutter). Dræn i dørslag over vasken og hæld varm pasta i

c) Svits panden med svampeblanding. Rør forsigtigt ved moderat varme i 1 minut for at dække nudler. Bland rå rucola i og bland i 30 sekunder, indtil den er visnet. Hæld i opvarmet portionsfad og server straks.

86. Efterårsgrøntsager på grillen

Udbytte: 1 Portion

ingredienser

- 2 Bagekartofler
- 2 søde kartofler
- 1 Acorn squash
- ¼ kop smør; smeltede
- 3 spsk vegetabilsk olie
- 1 spsk timian
- Salt og peber efter smag

Vejbeskrivelse

a) Varm grillen op og klar til indirekte grillning. Skræl kartofler, søde kartofler og squash. Skær i 1 tomme tykke segmenter. Kassér frø og fibre fra squash. Bland grøntsager med olie, salt og peber. I et lille fad Bland smør og timian

b) Læg grøntsagerne på grillen væk fra direkte varme.

c) Luk låget og kog i cirka 15 minutter. Vend og fortsæt med at koge i 15 minutter mere. Vend igen og pensl med smør og timianblanding. Beklæd alle sider og fortsæt med at koge indtil grøntsagerne er møre.

87.   Grillet agern squash og asparges

Udbytte: 1 Portion

ingredienser

- 4 Acorn squash
- Salt; at smage
- Peber; at smage
- 4 rosmarinkviste
- 4 spiseskefulde Løg; hakket
- 4 spiseskefulde selleri; hakket
- 4 spiseskefulde gulerødder; hakket
- 4 spsk olivenolie
- 2 kopper grøntsagsfond
- 1 pund Quinoa; vasket
- 2 pund Friske vilde svampe
- 2 pund blyant asparges

Vejbeskrivelse

a) Gnid agern squash med salt, peber, olie og rosmarin kraftigt indeni.

b) Grill med forsiden nedad i 8 minutter. Vend, læg rosmarin indeni og kog tildækket i 20 minutter.

c) Læg løg, selleri, gulerødder og 1 spsk olivenolie i en gryde og kog. Tilsæt bouillon og quinoa og bring det i kog. Dæk godt til og lad det simre i 10 minutter. Afdæk squashen, læg quinoablandingen i squashen og dæk den. Kog i yderligere 10 minutter.

d) Bland svampe og asparges let med olivenolie, salt og peber. Grill i 3 minutter på hver side. Server squash med quinoa indeni og hav svampe og asparges flydende rundt.

88.   Grillet bok Choy

Udbytte: 1 Portion

ingredienser

- 2 hoveder bok cho y
- ¼ kop risvinseddike
- 1 spsk chilisauce
- Salt og peber
- ¾ kop vegetabilsk olie
- 2 spidskål; i tern
- 2 spsk sesamfrø

Vejbeskrivelse

a) I et fad, Bland eddike, chilisauce og smag til med salt og peber.

b) Pisk olie i. Rør spidskål og sesamfrø i.

c) Varm grillen op og læg bok Choy stykker på varm grill. Grill 2 til 5 minutter, indtil den er sprød. Kjole med vinaigrette.

89. Havesalat på grillsiden

Udbytte: 6 Portioner

ingredienser

- 2 moderate s Tomater, udsået og skåret i tern
- 1 moderat zucchini i tern
- 1 kop Frosne hele majskerner, optøet
- 1 lille moden avocado, skrællet, kernet og skåret i grove tern
- ⅓ kop tyndt segmenterede grønne løg med toppe
- ⅓ kop Pace Picante Sauce
- 2 spsk vegetabilsk olie
- 2 spsk Frisk koriander eller persille i tern
- 1 spsk citron- eller limesaft
- ¾ tsk hvidløgssalt
- ¼ teskefuld stødt spidskommen

Vejbeskrivelse

a) Bland tomater, zucchini, majs, avocado og grønne løg i et stort fad.

b) Bland de resterende ingredienser; bland godt. Hæld over grøntsagsblandingen; bland forsigtigt. Afkøl 3-4 timer, under omrøring af og til forsigtigt.

c) Rør forsigtigt og server afkølet eller ved stuetemperatur med ekstra Pace Picante-sauce.

90. Grillede asparges og tomater

Udbytte: 1 Portion

ingredienser

- 12 ounce asparges, trimmet
- 6 modne tomater, halveret
- 3 spsk olivenolie
- Salt og peber
- 1 fed hvidløg, hakket
- 1 spsk sennep
- 3 spsk balsamicoeddike
- ⅓ kop olivenolie
- Salt og peber

Vejbeskrivelse

a) Varm en grillpande op over moderat høj varme. I et stort fad blandes asparges med olivenolie og salt og peber. Pensl tomaterne med den resterende olivenolie i fadet. Grill asparges og tomater hver for sig, indtil de er møre, men ikke falder fra hinanden.

b) I et fad Bland hvidløg, sennep, balsamicoeddike og olivenolie med et piskeris eller håndmikser. Smag til med salt og peber

c) Server grillede grøntsager med vinaigrette.

91. Grillet brasen med fennikel

Udbytte: 1 Portion

ingredienser

- 4 brasenfileter
- Olivenolie til børstning
- 10 Skalotteløg; skrællet, Segmenteret
- 4 gulerødder; fint segmenteret
- 1 hel fennikel; kernehus, halveret
- 2 knivspids safran
- Sød hvidvin
- 1 pint fiskefond
- 1 pint Dobbelt creme
- En appelsin; saft af
- 1 bundt koriander; fint skåret i tern

Vejbeskrivelse

a) Kog gulerødder, skalotteløg, fennikel og safran i olivenolie uden at farve i 3-4 minutter. Dæk grøntsagerne til tre fjerdedele med vinen og reducer helt.

b) Tilsæt fiskefonden og reducer med en tredjedel. Tjek gulerødderne, mens du reducerer, og hvis den lige er kogt, si væsken fra grøntsagerne og vend væsken tilbage i gryden for at reducere yderligere. Stil grøntsagerne til side.

c) Tilsæt fløden til den reducerende væske og reducer for at tykne lidt. Pensl brasenfileterne med olivenolie og rist med skindsiden nedad.

d) Tilsæt appelsinjuice til den reducerede bouillon og kom grøntsagerne tilbage i gryden. Smag til og server med fisken.

92.   Chili grillet caribisk salat

Udbytte: 2 Portioner

ingredienser

- ¼ kop dijonsennep
- ¼ kop honning
- 1½ spsk sukker
- 1 spsk sesamolie
- 1½ spsk æblecidereddike
- 1½ tsk limesaft
- 2 moderate s Tomater i tern
- ½ kop spansk løg i tern
- 2 tsk Jalapeño peber
- 2 tsk koriander, finthakket
- knivspids salt
- 4 halvdele af kyllingebryst; knogle- og hudløs
- ½ kop Teriyaki-lage
- 4 kopper isbjergsalat i tern
- 4 kopper grøn bladsalat i tern
- 1 kop rødkål, i tern
- 1 dåse ananas i saft,

- ; drænet (5,5 oz. dåse)
- 10 tortilla chips

Vejbeskrivelse

a) Lav dressingen ved at blande alle ingredienserne i et lille fad med en el-mixer. Dæk til og afkøl.

b) Lav Pico de Gallo ved at kombinere alle ingredienserne i et lille fad. Dæk til og afkøl.

c) Mariner kyllingen i teriyakien i mindst 2 timer. Læg kyllingen i posen og hæld saltlagen i, og bland den derefter i køleskabet.

d) klar eller opvarm en komfurgrill. Grill kyllingen i 4 til 5 minutter på hver side eller indtil den er færdig.

e) Bland salat og kål sammen, og del derefter det grønne i 2 store Individual -Portion salatretter.

f) Del pico de gallo og hæld den i 2 lige portioner over det grønne.

g) Del ananassen og drys den på salaterne.

h) Bræk tortillachipsene i store stykker og drys halvdelen på hver salat.

i) Del de grillede kyllingebryst i tynde strimler, og fordel halvdelen af strimlerne på hver salat.

Hæld dressingen i 2 små fade og server til salaterne.

93.　　　Rucola og grillet grøntsagssalat

Udbytte: 8 Portioner

ingredienser

- 1½ kop olivenolie
- ¼ kop citronsaft
- ¼ kop balsamicoeddike
- ¼ kop Friske urter; lige store portioner
- . af persille, rosmarin, salvie
- . timian og oregano
- 4 streger Tabasco sauce
- Salt og peber efter smag
- 2 røde peberfrugter; halveret
- 3 blommetomater; halveret
- 2 moderate s Rødløg
- 1 lille aubergine; Segmenteret 1/2" tyk
- 10 knapsvampe
- 10 små røde kartofler; lavede mad
- ⅓ kop olivenolie
- Salt og peber efter smag
- 3 bundter Rucola; vasket og tørret

- 1 pund Mozzarella; tyndt segmenteret
- 1 kop sort oliven; udhulet

Vejbeskrivelse

a) Bland olivenolie, citronsaft, eddike, krydderurter, Tabasco sauce og salt og peber i en moderat skål; pisk derefter godt sammen. Sæt til side.

b) Læg peberfrugter, tomater, løg, aubergine, svampe og kartofler i et meget stort fad. Tilsæt olivenolie, salt og peber; bland derefter godt for at beklæde grøntsagerne med olien. Grill grøntsagerne over en moderat varm ild, indtil de er godt brune, 4 til 6 minutter på hver side. Tag den ud af grillen, og skær den i mundrette stykker, så snart den er kølig nok til at håndtere.

c) Lav en bund af rucolaen på et stort, lavt fad. Anret de grillede grøntsager ovenpå rucolaen, top med mozzarella og oliven og server dressingen ved siden af.

94. Grillet lam og limabønnesalat

Udbytte: 4 Portioner

ingredienser

- 2 røde peberfrugter
- ¾ kop olivenolie
- ¼ kop balsamicoeddike
- 1 spsk hvidløg; hakket
- ¼ kop basilikum; fint skåret i tern
- Salt og peber efter smag
- 1 kop Lima bønner; afskallede
- 1 pund Lam; 1/2" terninger
- 1 bundt Rucola; vasket og tørret
- 1 stor tomat; i store tern

Vejbeskrivelse

a) Grill peberfrugterne over en varm ild, rul dem rundt for at koge jævnt, indtil skindet er meget mørkt og blæret. Tag den ud af grillen, læg den i en brun papirpose, bind posen sammen og lad peberfrugterne køle af i posen i 20 minutter. Tag ud af posen, pil skindet af og tag frø og stilke ud.

b) Kom peberfrugterne i en foodprocessor eller mixer, og mens motoren stadig kører, tilsæt olivenolien i en jævn stråle. Tilsæt balsamicoeddike, hvidløg og basilikum og rør derefter til Mix.

c) Smag til med salt og peber, og stil derefter til side.

d) I en moderat gryde bringes 2 kopper saltet vand i kog. Tilsæt limabønnerne, og kog indtil de er møre, men ikke grødede, 12 til 15 minutter. Dræn, dyk ned i koldt vand for at stoppe kogningen, dræn igen og læg i et stort fad.

e) I mellemtiden krydres lammet med salt og peber efter smag, spyd på spyd og grill over en varm ild 3 til 4 minutter på hver side.

f) Tag af varmen, og skyd spyddene af.

g) Tilsæt lam, rucola og tomat til retten med limabønnerne. Rør dressingen godt rundt, tilsæt lige nok til at fugte ingredienserne, bland godt og server.

95. Avocado og ris salat

Udbytte: 4 Portioner

ingredienser

- 1 kop Wehani ris
- 3 modne blommetomater; frøet og skåret i tern
- $\frac{1}{4}$ kop hakket rødløg
- 1 lille Jalapeño peber; frøet og skåret i tern
- $\frac{1}{4}$ kop koriander i fint tern
- $\frac{1}{4}$ kop ekstra jomfru olivenolie
- 1 spsk limesaft
- $\frac{1}{8}$ tsk selleri frø
- Salt og peber; at smage
- 1 moden avocado
- Blandet babygrønt

Vejbeskrivelse

a) Kog Wehani-ris efter anvisningen på pakken

b) Fordel på bageplade til afkøling.

c) I et stort fad blandes ris med tomater, rødløg, jalapeñopeber og koriander. Tilsæt ekstra jomfru olivenolie, limesaft og sellerifrø. Smag til med salt og peber

d) Til servering, skræl og del avocadoen. Arranger segmenter over blandet babygrønt.

e) Hæld Wehani rissalat over avocadoer. Pynt med grillede grøntsager, hvis det ønskes.

96. Brune ris og grillede grøntsager

Udbytte: 6 Portioner

ingredienser

- 1½ kop brune ris
- 4 hver Zucchini, halveret på langs
- 1 stort rødløg, skåret på tværs i 3 tykke segmenter
- ¼ kop olivenolie plus...
- ⅓kop olivenolie
- 5 spsk sojasovs
- 3 spsk Worcestershire sauce
- 1½ kop Mesquite træflis gennemblødt i koldt vand i 1 time (valgfrit)
- 2 kopper friske majskerner
- ⅔kop Frisk appelsinjuice
- 1 spsk Frisk citronsaft
- ½ kop Italiensk persille i tern

Vejbeskrivelse

a) Kog ris i en stor gryde med kogende saltet vand, indtil de lige er møre, cirka 30 minutter

b) Dræn godt af. Lad afkøle til stuetemperatur.

c) Bland ¼ kop olie, 2 spsk sojasauce og 2 spsk Worcestershire sauce; hæld over squash og løg segmenter i et lavvandet fad. Lad marinere 30 minutter, roter grøntsagerne én gang i løbet af denne tid.

d) Klar grill (moderat - høj varme). Når kulene bliver hvide, drænes mesquite-spåner (hvis de bruges) og spredes over kul. Når chips begynder at ryge, læg løg og zucchini på grillen og krydr med salt og peber

e) Dæk til og kog indtil de er møre og brune (ca. 8 minutter), drej af og til og pensl med saltlage. Tag grøntsagerne ud af grillen.

f) Skær løgsegmenter i kvarte og zucchini i 1-tommers stykker. Læg i et portionsfad med afkølede ris og majs.

g) Pisk appelsinjuice, citronsaft, ⅓kop olie, 3 spsk sojasauce og 1 spsk Worcestershiresauce sammen. Hæld 1 kop dressing over salaten og bland til Mix. Rør persille i og smag til med salt og peber.

h) Server salat med ekstra dressing ved siden af.

97. Æble mangosalat med grillet kylling

Udbytte: 4 Portioner

ingredienser

- 2 spsk risvinseddike
- 1 spsk Frisk purløg; i tern
- 1 tsk Frisk ingefær; revet
- ½ tsk salt
- ¼ tsk Friskkværnet peber
- 1 spsk solsikkeolie
- ½ tsk salt
- ¼ tsk Friskkværnet peber
- ¼ teskefuld Spidskommen
- 1 knivspids Kværnet rød peber
- 4 Udbenet; kyllingebrysthalvdele uden skind
- Grøntsags madlavningsspray
- 8 kopper Grønt blandet salat
- 1 stor mango; skrællet og segmenteret
- 2 Golden Delicious æbler; skrællet, kernehus, tyndt Segmenteret
- ¼ kop solsikkekerner

- Sesam fladbrød; (valgfri)

Vejbeskrivelse

a) Lav ingefær-vinaigrette: Bland eddike, purløg, ingefær, salt og peber i et lille fad; piskes gradvist i olie. Giver $\frac{1}{4}$ kop.

b) Bland salt, peber, spidskommen og rød peber i kop. sprøjt over begge sider af kyllingen. Smør tung grillpande eller støbejernsplade let med grøntsagsspray

c) Varm 1 til 2 minutter over moderat -høj varme

d) Kog kyllingen 5 til 6 minutter på hver side, indtil den er gennemstegt. Flyt til skærebræt.

e) Bland grønt, mango og æblesegmenter med 3 spsk dressing. Anret salat på 4 individuelle middagstallerkener.

f) Segmentér kyllingen og fordel den jævnt over greens; drys den resterende 1 spsk dressing over kyllingen. sprøjt 1 spsk solsikkekerner over hver salat.

g) Server med sesamfladbrød, hvis det ønskes.

98. Grillet kylling og kikærtesalat

Udbytte: 4 Portioner

ingredienser

- 2 spsk hakket hvidløg
- 2 spsk Frisk ingefær; skrællet og revet
- 1 tsk stødt spidskommen
- ½ tsk salt
- ¼ teskefuld Kværnet rød peber
- 4 Skindede og udbenede kyllingebrysthalvdele
- 2 dåser (15-ounce) kikærter; skyllet og drænet
- ½ kop almindelig yoghurt
- ½ kop creme fraiche
- 1 spsk karrypulver
- 1 spsk citronsaft
- ½ tsk salt
- 1 rød peberfrugt; i tern
- ¼ kop P ur løg; i tern
- 2 Jalapeño peberfrugter; frøet og hakket
- 2 spsk Frisk koriander; i tern
- 2 spsk Frisk mynte; i tern

- 3 kopper frisk spinat; revet i stykker
- 3 kopper bibb-salat med rød spids; revet i stykker
- 2 spsk citronsaft
- 1 spsk varm karryolie

Vejbeskrivelse

a) Bland de første 5 ingredienser; sprøjt på alle sider af kyllingebryst.

b) Dæk til og køl 1 time

c) Rør kikærter og næste 10 ingredienser sammen; dække og afkøle. Grill kylling, dækket med grilllåg, ved moderat -høj varme (350° til 400°) 5 minutter på hver side. Skær i $\frac{1}{2}$ tomme tykke segmenter. Holde varm. Bland spinat og salat i et stort fad.

d) Pisk citronsaft og karryolie sammen; sprøjt over grønt, og bland forsigtigt. Arranger jævnt på 4 portionstallerkener ; top jævnt med kikærtesalat og et segmenteret kyllingebryst. Udbytte: 4 portioner .

99. Grillet oksekød prosciutto salat

Udbytte: 1 Portion

ingredienser

- ½ kop olivenolie
- 3 fed hvidløg; groft skåret i tern
- 4 kviste rosmarin
- 8 Uns; oksemørbrad
- Salt og friskkværnet sort peber
- 2 citroner; grillet
- 1 spsk skalotteløg groft hakket
- 1 spsk Frisk rosmarin groft hakket
- 3 fed grillet hvidløg
- ½ kop olivenolie
- Salt og friskkværnet peber
- 8 kopper Romainesalat i tern
- Grillet citron- grillet hvidløgsvinaigrette
- 8 segmenter Prosciutto; julienned
- 12 spidskål; grillet og skåret i tern
- 2 røde tomater; i tern
- 2 gule tomater; i tern

- 1½ kop smuldret gorgonzola
- Grillet oksemørbrad; i tern
- 4 hårdt kogte æg; skrællet og skåret i tern
- 2 Haas avocado; skrællet, udstenet
- Hakket purløg i tern
- 8 fed grillet hvidløg
- 2 Stænger usaltet smør; blødgjort
- Salt og friskkværnet peber
- 16 segmenter italiensk brød; Segmenteret 1/4-tommer
- ¼ kop fint hakket persille
- ¼ kop fint skåret oregano

Vejbeskrivelse

a) Bland olie, hvidløg og rosmarin i et lille lavt ovnfast fad. Tilsæt oksekødet og bland til belægning. Dæk til og stil på køl i mindst 2 timer eller natten over. Lad stå ved stuetemperatur i 30 minutter før grillning

b) Varm grillen op. Tag oksekødet ud af saltlage, krydr med salt og peber efter smag og grill i 4 til 5 minutter på hver side for moderat , sjældent færdighed.

100. Grillet kylling og ny kartoffel

Udbytte: 4 Portioner

ingredienser

- 2 udbenede kyllingebryst
- 3 spsk olivenolie
- 8 små Nye kartofler, halveret
- Salt og friskkværnet
- Peber
- 6 fed grillet hvidløg
- Seks 6-tommer mel tortillas
- ½ kop Monterey Jack ost
- ½ kop hvid cheddarost
- 2 spsk Frisk timian
- 2 spsk vegetabilsk olie

Vejbeskrivelse

a) Varm grillen op. Pensl kyllingebryst med 1 spsk olivenolie og smag til med salt og peber.

b) Grill brysterne på hver side i 4 til 5 minutter, tag dem ud og lad dem hvile.

c) Bland kartoflerne i den resterende olivenolie og smag til med salt og peber. Grill kødsiden nedad i 2 til 3 minutter, indtil den er gyldenbrun, vend og fortsæt med at stege indtil den er mør.

d) Læg 4 tortillas på en usmurt bageplade

e) Spred hver tortilla med 2 spiseskefulde af hver ost, 4 segmenter kylling, 1 fed hvidløg og 4 kartoffelhalvdele. drys hver tortilla med frisk timian.

f) Stable de 2 lag og dæk med de resterende 2 tortillas. Pensl de øverste tortillas med vegetabilsk olie og læg oliesiden nedad på grillen.

g) Steg på den ene side, indtil den er gyldenbrun, vend og fortsæt med at stege indtil osten smelter.

h) Skær i kvarte og server straks.

KONKLUSION

Hvis du vil have noget til at være autentisk, så brug det traditionelle, men når du skal finde dine egne yndlingsopskrifter, så tilpas det til det, du bedst kan lide. F

Med denne bog vil du have et godt grundlag i, hvad der fungerer bedst til forskelligt kød, og derefter eksperimentere og have det sjovt med at finde dine egne perfekte opskrifter. Som Picasso sagde: "Lær reglerne som en professionel, så du kan bryde dem som en kunstner".

www.ingramcontent.com/pod-product-compliance
Lightning Source LLC
Chambersburg PA
CBHW070651120526
44590CB00013BA/907